© 2016 ZS Verlag GmbH
Kaiserstraße 14 b
D-80801 München

ISBN 978-3-89883-545-9
4. Auflage 2017

Projektleitung	Eva Dotterweich
Buchtexte	Kim Fleckenstein, Anna Butterbrod
Lektorat	Sylvie Hinderberger
Cover- und Aufmachergestaltung	Eden & Höflich, www.edenhoeflich.de
Innenlayout	Georg Feigl, Irene Schulz
Illustrationen	Shutterstock
CD-Produktion	Kim Fleckenstein, CSW-Musik
Herstellung	Peter Karg-Cordes
Producing	Jan Russok
Druck & Bindung	optimal media GmbH, Röbel

Die ZS Verlag GmbH ist ein Unternehmen der Edel AG, Hamburg.
www.zsverlag.de | www.facebook.com/zsverlag

KIM FLECKENSTEIN

AB HEUTE STRESST MICH GAR NICHTS MEHR

Unter Mitarbeit von Anna Butterbrod

INHALT

HERZLICHEN GLÜCKWUNSCH!

Sie können heute Ihren ersten Erfolg feiern. „Aber du hast doch noch gar nichts getan!", zischt jetzt vielleicht eine böse Stimme in Ihrem Kopf. Entgegnen Sie ihr bitte: „Und ob!" Denn Sie haben bereits einen der wichtigsten Schritte hinter sich – weil Sie sich gerade bewusst machen, dass sich in Ihrem Leben etwas ändern muss. Und soll. Der Schriftsteller Christian Morgenstern (1871–1914) hat für die Situation, in der Sie sich befinden, einen schlauen Satz formuliert. Er lautet:

»Bewusstsein: Wir stehen an einem Ende, wir sind ein Anfang.«

Mit wenigen Worten brachte Morgenstern es auf den Punkt: Wir können erst mit etwas abschließen, wenn wir es uns wirklich vor Augen führen. Wer den Mut zu diesem Schritt aufbringt, erhält eine neue Sicht auf die Dinge – und kann dementsprechend neu anfangen. So wie Sie jetzt!

Lassen Sie dieses Buch Ihren Wegbereiter zu mehr Entspannung, Energie, Gelassenheit und Widerstandskraft sein. Was ist mir wichtig? Und was nicht? Wie will ich leben? Vielleicht finden Sie beim Lesen der folgenden Seiten Antworten auf Fragen, die Sie sich schon lange stellen. Ich werde weitere hinzufügen. Denn: Jede Antwort bringt Sie Ihrem neuen Ich ein Stückchen näher. Hören Sie in sich hinein. Entdecken Sie Wünsche, Ziele – oder einfach pure Lebensfreude. Fernab der Hektik, die Sie jetzt noch zu erdrücken scheint. Lesen Sie los: Ihre Zeit ist jetzt!

Herzlichst, Ihre

Kim Fleckenstein

Sie können's nicht abwarten und wollen sofort loslegen mit Anti-Stress-Tricks und -Übungen? Dann überspringen Sie den Theorieteil und starten Sie mit Woche 1. Vorher sollten Sie allerdings die beiden Tests auf Seite 15 ff. und 20 ff. machen – dadurch erfahren Sie schon viel über sich selbst und Ihren Stresszustand!

Jedem der 21 Tage habe ich ein Kapitel gewidmet. Es wäre toll, wenn Sie wirklich nur eines pro Tag lesen würden. Ich möchte vermeiden, dass Sie sich fühlen wie eine Autoscheibe bei voller Fahrt im Hochsommer: Ständig prallt etwas auf Sie ein! In diesem Fall sind es zwar statt lästiger Kleintiere hilfreiche Tipps – aber auch die können in zu hoher Dosis anstrengend sein. Und in diesem Buch geht es ja um mehr Ruhe.

Jede Woche endet mit Affirmationen. Das sind bestärkende Sätze, die uns dabei unterstützen, unser Verhalten und unsere Gefühle auf Dauer zu verändern. Dafür sollten wir diese Sätze so oft wie möglich wiederholen – laut oder leise, nur in Gedanken. Die Karten am Ende des Buchs können Sie heraustrennen und an Orte legen, kleben oder schieben, an denen Sie immer wieder darüber stolpern. Drei Affirmationen gebe ich Ihnen pro Woche mit, eine vierte können Sie nach Ihren Vorstellungen formulieren.

Damit ich Sie auf Ihrer Reise nach innen noch besser begleiten kann, gehört zum Buch auch eine Hör-CD. Auf dieser finden Sie von mir eingesprochene Entspannungsübungen. Wann immer eine zum Buchinhalt passt, finden Sie an dieser Stelle das CD-Symbol. Auf meiner Website www.kimfleckenstein.com können Sie mit dem Passwort „Stressfrei" die Dateien auch downloaden.

Viel Spaß beim Lesen, Hören und Downloaden!

BEVOR ES LOSGEHT ...

WAS PASSIERT, WENN WIR GETRESST SIND?

Wie entsteht Stress? Was hat er für Aus-
wirkungen auf unseren Körper, unsere
Gefühle und unser Leben? In diesem Ka-
pitel erkläre ich alles, was Sie zum Thema
Stress wissen sollten. Auch warum unsere
inneren Werte der Schlüssel zu mehr
Entspannung sind. Machen Sie den Test:
Welcher Stresstyp sind Sie?

Warum lassen wir uns überhaupt stressen?

In diesem Kapitel erkläre ich Ihnen die Grundlagen zum Thema Stress: Wie entsteht er? Was passiert im Körper? Was in unseren Köpfen? Und welche unserer Denkweisen machen alles nur noch schlimmer?

„Ich habe zu viel Stress!" Diesen Satz höre ich in meiner Praxis oft. „Was heißt denn zu viel?", frage ich dann zurück. „Wie viel ist zu viel? Und gibt es auch zu wenig?" Wir Menschen neigen nämlich zu Pauschalisierungen, die uns handlungsunfähig machen. Wir sind paralysiert wie Rehe im Scheinwerferlicht: zitternd, ängstlich, ahnungslos. Wenn ich bei meinen Klienten genauer nachfrage, kommt meist heraus, dass es eigentlich nur ganz bestimmte Situationen oder Menschen sind, die ihnen ein ungutes Gefühl geben.

„Ich habe zu viel Stress" – ich rate Ihnen, diese Riesenaussage herunterzubrechen, dann ist sie nämlich gar nicht mehr so riesig. Und dann wird Ihnen auch klar, was Sie tun können, um Ihre Lebensumstände zu ändern.

Und Action! Ihr ganz persönlicher Lebensfilm

Stellen Sie sich vor, jemand würde Sie eine Woche lang mit einer Kamera begleiten, die dank ausgeklügelter Technik auch Ihre Selbstgespräche im Kopf aufnehmen könnte. Was würde sie hinterher abspielen? Komödie oder Drama? Krimi oder Liebesgeschichte? Krieg oder Frieden? In unseren Köpfen entsteht ein Lebensdrehbuch, nach dem wir handeln. Meist ohne uns bewusst zu sein, dass wir nicht nur die Hauptdarsteller sind, sondern auch Drehbuchautor und Regisseur. Das heißt: Wir können den Film, der gerade läuft, jederzeit anhalten, rausnehmen, wegwerfen und einen neuen einlegen. Wie sieht Ihr Lebensfilm aus? Auf der Gedankenseite (Seite 35) können Sie Ihre Ideen dazu notieren.

Durch unsere Selbstgespräche konstruieren wir eine innere Wirklichkeit, die uns manchmal dazu verleitet, dass wir uns zum eigenen Schaden verhalten. Weil wir glauben, dass alles genauso ist, wie wir es uns ausmalen. Wir entwerfen Horrorszenarien und legen anderen Menschen Sätze in den Mund („Denn das macht er/sie doch immer so …").

Diese fiktiven Zukunftsentwürfe lösen starke Stressreaktionen aus, die uns den letzten Nerv rauben – und wertvolle Energie. Wir sind überzeugt davon, dass alles tatsächlich bereits so abgelaufen ist, ohne zu erkennen, dass es pure Einbildung ist. Auf diese Weise werden unsere Gedanken zur selbsterfüllenden Prophezeiung.

Einfach verrückt, oder?

Ist Ihnen auf der Straße auch schon einmal eine Person begegnet, die lauthals vor sich hin geschimpft hat? Ein Mensch, von dem Sie vielleicht schnell behaupten würden: „Der ist doch verrückt." Dabei unterscheiden wir uns von dieser Person nur in einem Punkt: Sie pöbelt laut, wir tun es in Gedanken. Wie oft schimpfen wir im Stillen vor uns hin? Auf uns selbst: Wie dumm wir doch sind, dass wir dieses und jenes nicht hinbekommen. Dass wir es nie schaffen werden. Dass uns keiner

leiden mag. Oder wir schimpfen über unsere Kollegin, unseren Chef, unsere Frau, unseren Mann, unsere Kinder, unsere Mutter, unseren Vater, den Gemüsehändler von gegenüber.

> **»Alle menschlichen Organe werden irgendwann müde, nur die Zunge nicht.«**
> *Konrad Adenauer*

Was uns heute in Stress versetzt

Vor Tausenden von Jahren war es der Säbelzahntiger, der dem Homo sapiens die größte Angst einjagte: Ging das Urtier in Angriffsstellung, mussten unsere Vorfahren blitzschnell reagieren, um zu überleben.

Säbelzahntiger sind längst von der Bildfläche verschwunden. Heute bedrohen uns andere Monster. Sie sind weniger greifbar – aber nicht weniger Furcht einflößend: Unsere Angstmacher heißen Perfektionismus, Erwartungsdruck, Karriere-Konkurrenz oder ständige Erreichbarkeit (Handy, Laptop). Und es gibt noch viele mehr …

Die Anforderungen an ein erfülltes Dasein sind enorm gestiegen. Ohne Lebensbedrohung durch den Tag kommen, satt werden, nicht frieren – was Neandertaler glücklich machte, gehört bei uns zum Standard.

Leider kann unser Gehirn nicht zwischen einer eingebildeten Angst und einer wirklichen Bedrohung unterscheiden. Denn es ist so programmiert, dass es erst einmal reagiert und danach Fragen stellt. Stress entsteht dabei immer dann, wenn wir das Gefühl haben, eine Situation nicht bewältigen zu können. Weil Studien belegen, dass wir, wenn wir unter Stress stehen, eher riskante oder vorschnelle Entscheidungen treffen, ist es so wichtig, in Stresssituationen ruhig zu werden, sich also gezielt zu entspannen.

Guter Stress, schlechter Stress

Wobei eine gewisse Belastung nicht immer negativ sein muss: Dieses Buch zu schreiben, war für mich auch mit Stress verbunden – aber mit positivem. Ja, es bedeutete eine Menge Arbeit, aber die bescherte mir Wohlfühlemotionen: Ich war beim Schreiben oft sehr stolz auf mich und freute mich schon darauf, am Ende das fertige Werk in den Händen zu halten.

Bei dieser Form von Stress ist der Weg das Ziel: Wir wachsen über uns hinaus, durchlaufen eine positive Veränderung. Schlechter Stress dagegen entsteht, wenn wir uns auf ein negatives Ergebnis in der Zukunft konzentrieren. Wenn wir also wieder einmal schwarzsehen. Dann wird der Stress zum Ziel und es herrscht Drama, Drama, Drama.

Ein Erfahrungsbericht aus meiner Praxis

„Ich kam zu Frau Fleckenstein, nachdem ich meinen Job als Führungskraft gekündigt hatte. Ich war im Beruf einfach nur noch unglücklich, das wollte ich durch einen radikalen Schritt ändern. Aber plötzlich saß ich wie ein kleines, verängstigtes Kaninchen in einem Loch. Wie sah der nächste sinnvolle Schritt aus?

Ich wusste es einfach nicht und verharrte in einer Art Schockstarre – wochenlang, monatelang. Es half nicht wirklich, dass mein Umfeld versuchte, mich zur Rückkehr in den alten Job zu überreden: „Wie konntest du eine so gute Position überhaupt aufgeben? Komm, die freuen sich doch, wenn du wieder dort aufschlägst." Ja, sicher. Mir selbst allerdings würde das wenig Freude bereiten, das wusste ich. Aber was sollte ich stattdessen tun? Ich hatte plötzlich nur noch Angst. Davor, eine falsche Entscheidung zu treffen und völlig aus der Bahn zu geraten. Ich spielte im Kopf diverse Möglichkeiten durch – alle endeten im Desaster. In den Sitzungen mit Frau Fleckenstein erkannte ich, dass ich Angst vor der Angst entwickelt hatte. Ich begriff, dass es völlig egal war, was ich tun würde, ob ich mich nach rechts oder links wendete. Wofür auch immer ich mich entschied: Es würde besser sein als mein jetziger Zustand der Lethargie. Mittlerweile habe ich eine neue Arbeitsstelle, mit der ich mich sehr wohlfühle. Ich habe zwar keine Führungsposition mehr, aber dafür habe ich auch weniger Stress. Ich nehme mein Leben wieder mit großer Freude und Elan in die Hand. Ich achte auf mich – auch mithilfe von Entspan-nungsübungen. Ich weiß jetzt wieder: Nur ich kann mein Leben leben. Niemand anderes tut das für mich. Und das ist auch gut so."

Miriam, 44,
Verkäuferin aus München

Stress: Dieses Gefühl geht durch und durch. Aber was passiert überhaupt mit uns, wenn wir gestresst sind? Es wird ein Dominoeffekt in Gang gesetzt, der durch den ganzen Körper läuft. Zuerst spielen die Hormone verrückt. Wenn Sie also zum Beispiel von Ihrem Chef angeschrien werden oder aus irgendeinem anderen Grund in Panik geraten, schüttet Ihr Körper vermehrt das Stresshormon Cortisol aus. Dadurch steigen Blutdruck und Puls. Unser Körper ist in Aufruhr. Und er reagiert auf unangenehme Weise: Wir schwitzen, sind verspannt, rastlos und können uns nicht mehr konzentrieren. Manchen Menschen schlägt Stress sogar derart auf den Magen, dass sie unter Durchfall und Übelkeit leiden. Der ganze Körper geht in eine Flucht- oder Angriffshaltung, was sich auch in folgenden Symptomen bemerkbar macht: Wir trommeln mit den Fingern, wippen mit dem Fuß, verändern Sprechgeschwindigkeit und Gestik.

Die erschreckenden Folgen

Wird dem Stress nicht frühzeitig gegengesteuert, können die Folgen dramatisch sein: Laut der Studie eines schottischen Forscherteams erhöht Stress sogar die Sterblichkeitsrate. Der Grund: Wenn wir zu oft unter Druck stehen, kann das zu Herzinfarkt und Schlaganfall führen. Doch nicht nur Herz und Kreislauf werden durch Dauerstress nachhaltig belastet. Auch das Krebsrisiko steigt, genau wie die Neigung zu Depressionen. Angstzustände und Panikattacken kommen immer häufiger vor. Nicht zuletzt ist auch der heute so weit verbreitete Tinnitus (rauschende, pfeifende, zitternde oder ratternde Ohrgeräusche) eine Folge zu hoher Belastung.

> »Von allen Sorgen, die ich mir machte, sind die meisten nicht eingetroffen.«
>
> *Sven Hedin*

Was sind die Auslöser?

Stress ist schwer zu greifen: Denn wir alle empfinden ihn auf ganz unterschiedliche Art und Weise. Was für den einen ein Grund zum Ausflippen ist, lässt den anderen völlig kalt – und umgekehrt.

Wie wir mit Geschehnissen umgehen, hängt auch davon ab, wie wir sie selbst bewerten. Jeder Mensch kann in gewissem Maß beeinflussen, ob er sich gestresst fühlen will oder nicht. Wenn die Temperatur zum Beispiel im Sommer auf anstrengende 35 Grad ansteigt, können wir nichts an der Hitze ändern. Aber wir können uns entscheiden, wie wir damit umgehen. Wie wir uns verhalten und welche Maßnahmen wir ergreifen.

Nicht zuletzt ist es auch eine Frage des Geschlechts, was bestimmte Dinge in uns auslösen: Frauen reagieren meist viel emotionaler auf herausfordernde Situationen als Männer.

Wie wäre es, wenn wir mit einem kleinen Test beginnen? Auf diese Weise werden Sie sich Ihrer aktuellen Lage etwas schneller bewusst.

Wie gestresst sind Sie?

Wohl jeder Mensch hat sich in seinem Leben schon einmal gestresst gefühlt. Wie sehr, hängt unter anderem vom eigenen Nervenkostüm ab. Wie stark ist es? Und wie strapaziert? Dementsprechend können zwei Personen ein und dieselbe Situation als unterschiedlich anstrengend wahrnehmen: Der eine geht gleich an die Decke, während der andere ganz ruhig bleibt.

Wie sieht es mit Ihrem aktuellen Stresslevel aus? Der folgende Test gibt Ihnen darüber Auskunft. Gehen Sie die Liste der Reihe nach durch und kreuzen Sie das an, was auf Sie zutrifft. Zählen Sie dann die Punkte zusammen („Trifft immer zu" zählt 2 Punkte, „Trifft manchmal zu" 1 Punkt, „Trifft nicht zu" 0 Punkte). Auf Seite 17 finden Sie dann die Auswertung.

Zeichen für Stress	Trifft immer zu	Trifft manchmal zu	Trifft nicht zu
Körper			
Kopfschmerzen	☐	☐	☐
Rückenschmerzen	☐	☐	☐
Magenschmerzen	☐	☐	☐
Schlafstörungen	☐	☐	☐
Atembeschwerden	☐	☐	☐
Ohrgeräusche	☐	☐	☐
Herzklopfen/-stiche	☐	☐	☐
Mehr oder weniger Appetit	☐	☐	☐
Verspannungen	☐	☐	☐
Sexuelle Funktionsstörungen	☐	☐	☐

Zeichen für Stress	Trifft immer zu	Trifft manchmal zu	Trifft nicht zu
Kopf			
Vermehrte Grübelei	☐	☐	☐
Häufung von Fehlern	☐	☐	☐
Konzentrationsschwierigkeiten	☐	☐	☐
Albträume	☐	☐	☐
Fahrigkeit	☐	☐	☐
Gefühle			
Gereiztheit	☐	☐	☐
Innere Unruhe	☐	☐	☐
Angst	☐	☐	☐
Schlechte Laune	☐	☐	☐
Lustlosigkeit	☐	☐	☐
Ungeduld	☐	☐	☐
Verhalten			
Erhöhter Zigarettenkonsum	☐	☐	☐
Erhöhter Alkoholkonsum	☐	☐	☐
Einnahme von Beruhigungsmitteln	☐	☐	☐
Rückzug	☐	☐	☐
Verändertes Essverhalten	☐	☐	☐
Aggressivität	☐	☐	☐
Nervöse Ticks	☐	☐	☐
Zähneknirschen	☐	☐	☐

Auswertung

0–10 Punkte

Gratulation! Sie sind ziemlich stress-resistent. Achten Sie darauf, dass es so bleibt, vielleicht durch verschiedene Entspannungstechniken, falls Sie die nicht schon anwenden. Die Übungen in diesem Buch werden Ihnen helfen, Ihren wenigen „Störenfrieden" auf die Spur zu kommen.

11–20 Punkte

Sie haben sicher selbst schon gemerkt, dass Ihr Stressempfinden stärker ausgeprägt ist als früher. Jedes Kreuz, das Sie nicht bei null gesetzt haben, ist ein Zeichen dafür, dass Ihr Körper Ihnen Warnsignale sendet. Sie sollten dringend gegensteuern. Beginnen Sie, Ihre Fähigkeiten zur Stressbewältigung auszuweiten, zum Beispiel mithilfe dieses Buchs.

21 Punkte und mehr

Sie sollten sofort etwas für sich tun, denn Sie hängen bereits tief in der Stress-Spirale fest und Ihre Lebensqualität befindet sich im freien Fall. Wenn Sie nicht bald etwas dagegen unternehmen, kann das schwere gesundheitliche Schäden nach sich ziehen. Gönnen Sie sich zusätzlich zu den Übungen in diesem Buch regelmäßige Entspannungsphasen, um wieder in Balance zu kommen.

An welchen Schrauben können wir drehen?

Man unterscheidet in unserem Alltag zwei Arten von Stressauslösern oder Stressoren, wie sie im Fachjargon genannt werden.

- Objektive Stressoren: Dazu zählen zum Beispiel Schlafmangel, Krankheiten, Verletzungen, Hitze, Kälte, Unterforderung, Überforderung, Hunger, Durst und Lärm.
- Subjektive Stressoren: Zu diesen werden beispielsweise Angst, Wut, zu hohe Erwartungen, negative Denkmuster, Konkurrenzdenken, selbst gemachter Zeit- und Leistungsdruck sowie Hineinsteigern gerechnet.

Auf die objektiven Stressoren haben wir so gut wie keinen Einfluss, auf die subjektiven dagegen schon: Denn die schaffen wir uns in unseren Köpfen selbst und können sie dementsprechend wachsen oder schrumpfen lassen. Das ist doch eine gute Nachricht, oder? Überlegen Sie einmal: Welche Ihrer Stressauslöser sind objektiv und welche subjektiv? Gegen welche können Sie etwas tun? Notieren Sie das auf der Gedankenseite (Seite 36).

Das emotionale Gehirn sorgt für Ärger

Aber warum entstehen überhaupt subjektive Stressauslöser? Warum steigern wir uns in bestimmte Situationen hinein und machen sie dadurch so viel schlimmer, als sie eigentlich sind?

Das liegt daran, dass wir zwei Gehirnareale haben, die sehr verschieden mit neuen Informationen umgehen: Da ist zum einen das rationale Gehirn – im Fachjargon der Neocortex. Dieser Teil ist für die Wahrnehmung und das strategische Denken zuständig. Hier sitzt quasi unsere Intelligenz.

Dann gibt es noch das emotionale Gehirn, die Amygdala. Sie ruft ihre Informationen aus der Vergangenheit ab. In diesem Gehirnbereich entstehen aufgrund negativer Erinnerungen innerhalb von Millisekunden Gedanken wie: „Oh nein, das geht sicher wieder schief – genau wie damals."

Sicher, vergangene Erlebnisse haben mit der Gegenwart nichts zu tun. Aber sie haben sich im emotionalen Gehirn derart festgesetzt, dass sie nur schwer zu entfernen sind. Und genau daher haben wir oft völlig zu Recht den Eindruck, dass bestimmte Erfahrungen auch Jahre später noch unser Empfinden und Verhalten steuern. Da kann das rationale Gehirn noch so oft mahnen und schimpfen: „Beruhig dich, das wird dieses Mal alles anders." Keine Chance. Für solche Beschwichtigungen ist das emotionale Gehirn nicht empfänglich. Sattdessen fangen die Erinnerungen an zu arbeiten und setzen eine Gefühlslawine in Gang.

Auf diese Weise entsteht zum Beispiel auch Prüfungsangst. Menschen, die davon betroffen sind, kann man mit logischen Argumenten nicht beruhigen. Hinweise wie „Aber du bist doch super vorbereitet" nehmen sie nicht an. Schließlich hat das emotionale Gehirn längst entschieden, dass auch die bevorstehende Prüfungssituation wieder zur Katastrophe wird.

Ein Erfahrungsbericht aus meiner Praxis

„Ich lernte Frau Fleckenstein über ihre Hypnoseprogramme kennen. Ich stand damals beruflich unter großem Druck und war depressiv. Ihre Programme machten mich ruhiger, entspannter und auch zuversichtlicher, sodass ich mich entschied, sie persönlich zu kontaktieren.

Durch unsere Sitzungen habe ich einige wichtige Dinge begriffen: Ich lebe heute viel mehr im Augenblick und habe aufgehört, mir sorgenvolle Gedanken über die Zukunft zu machen – was mir als Selbstständigem vorher öfter passierte. Mit ihrer Hilfe habe ich gelernt, besser mit stressigen Situationen umzugehen und deshalb nicht gleich wieder Schreckensszenarien aufzubauen.

Was mir außerdem hilft: Ich gehe inzwischen viermal pro Woche zum Sport, um mich fit zu halten. Da ich als IT-Spezialist den ganzen Tag nur am Rechner sitze, war ich früher oft sehr verspannt. Das sorgt vonseiten des Körpers für zusätzlichen Stress. Bewegung und Rückentraining helfen dagegen. Dazu mache ich heute regelmäßig Entspannungsübungen, die mich auch mental ruhig und ausgeglichen werden lassen."

Christian, 51,
IT-Spezialist aus Köln

Welcher Stresstyp sind Sie?

Mit diesem Test finden Sie heraus, warum und wie Sie sich im Alltag selbst Stress machen. Kreuzen Sie pro Frage bitte immer nur eine Antwort an.

1. Eine Freundin steht am Wochenende spontan vor der Tür und Sie denken ...

(b) Das passt mir gerade gar nicht – aber ich lasse es mir nicht anmerken. Jetzt gibt es erst einmal eine dicke Umarmung.

(d) Was? Warum hat sie mich denn nicht vorher angerufen? Sie weiß doch ganz genau, dass ich keine Überraschungen mag.

(c) Ich werde sie mit einer Ausrede möglichst schnell wieder los. Den Samstag habe ich mir nämlich eigentlich ganz anders vorgestellt.

(a) Oh Gott, es ist ja gar nicht aufgeräumt. Und Kuchen habe ich auch keinen. Vielleicht habe ich irgendwo noch ein paar Plätzchen?

(e) Okay, 15 Minuten gebe ich ihr. Dann muss ich aber wirklich los zu einer Verabredung.

2. Ihr Boss ernennt Sie bei einem neuen Projekt zum Teamchef. Wie reagieren Sie?

(e) Ich trommele meine Kollegen zusammen und verteile gleich die ersten Aufgaben.

(b) Eigentlich ersticke ich gerade schon in Arbeit. Trotzdem sage ich Ja. Mein Chef soll nicht merken, dass bei mir Land unter ist.

(d) Puh, da mache ich mir erst einmal einen genauen Ablaufplan für die nächsten Wochen.

(c) Tolle Sache, aber noch lieber wäre mir gewesen, wenn er mir nicht die lahmen Kollegen ans Bein gebunden hätte. Allein könnte ich das viel einfacher schaffen.

(a) Ich freue mich. Endlich kann ich mich mal wieder beweisen. Wenn ich diese Aufgabe gut mache, warten noch ganz andere auf mich.

3. Wie machen Sie am liebsten Urlaub?

(d) Urlaubsplanung wird bei mir zur Wissenschaft: Ich wälze Kataloge, rufe Reisebüros an und checke die Lage des Hotels auf Google Maps. So weiß ich genau, was mich erwartet.

(c) Was überhaupt nicht geht, sind Gruppenreisen. Ich bin lieber mein eigener Herr.

(a) Ich liebe Cluburlaub mit vielen Sportangeboten und Turnieren. Oder ich buche so, dass ich am Reiseziel einen Marathon laufen kann. Meine Medaillen- und Urkundensammlung ist mittlerweile echt riesig.

(e) Zwei Wochen nur an einem Ort zu sein, kann ich mir überhaupt nicht vorstellen. Ich mag Rundreisen, auf denen man möglichst viel von Land und Leuten sieht.

(b) Kommt darauf an, mit wem ich fahre. Ich lasse mich gern von den Ideen meines Reisepartners mitreißen und habe vorab meistens keine konkreten Vorstellungen.

4. Ihnen ist bei der Arbeit ein Fehler unterlaufen. Ihr Chef merkt es und staucht Sie zusammen. Wie geht es Ihnen danach?

(b) Oh Gott! Jetzt glaubt er bestimmt, ich bin ein Versager. Ob er deswegen unser geplantes Mittagessen nächste Woche absagt?

(c) Also ich bin mir ziemlich sicher, dass die Schuld bei jemand anderem liegt. Ich habe mein Bestes getan, an mir liegt es nicht.

(e) So etwas kann in der Hektik schon einmal passieren. Schließlich muss ich im Büro mit vielen Bällen gleichzeitig jonglieren. Alles halb so wild.

(a) Ich denke gleich darüber nach, wie ich das Ganze wiedergutmachen kann. Ich hoffe, das geht noch? Oder hat der Chef mich jetzt auf dem Kieker? Bestimmt!

(d) Ich weiß überhaupt nicht, wie es dazu kommen konnte. Ich habe doch vorher alle Arbeitsschritte genau geplant und geprüft.

5. Sie sind zu einer Kostümparty eingeladen, deren Motto „Hollywood" lautet. Als was gehen Sie?

(e) Für eine ausgedehnte Kostümsuche habe ich beim besten Willen keine Zeit. Ich schnalle mir einfach eine Flosse auf den Rücken und gehe als weißer Hai.

(c) Was für eine Frage? Als Superheld natürlich! Wie wäre es mit Catwoman oder Batman. Vielleicht auch Captain America oder Black Widow?

(a) Ich gehe als Oscar, den wollen alle haben.

(d) Ich zögere meine Entscheidung so lange hinaus, bis ich am Ende das erstbeste Kostüm nehmen muss, das mir beim Kostümverleih unter die Nase kommt: Charlie Chaplin.

(b) Ich verkleide mich als Schneewittchen oder Robin Hood, als Minnie Mouse oder Homer Simpson, Julia Roberts oder George Clooney – das sind die Sieger der Herzen.

6. Wie würden Sie Ihren eigenen Kleidungsstil in wenigen Worten beschreiben?

(c) Ich bin ein modischer Paradiesvogel und habe viele ausgefallene Teile im Schrank. Ob die auch anderen gefallen, ist mir egal.

(e) Ich ziehe das an, was mir morgens in die Hände fällt, da steckt keine große Strategie dahinter. Unkomplizierte Teile, die sich mit allem kombinieren lassen, sind mir daher am liebsten.

(d) Ich setze schon seit Ewigkeiten auf denselben Look, weil ich weiß, dass er mir steht. Warum sollte ich Experimente machen?

(a) Ich kaufe lieber weniger, dafür aber teure Labels. Gute Schnitte und Materialien sind mir wichtig. Und natürlich muss alles immer perfekt gebügelt sein.

(b) Mein Look ändert sich ständig. Ich gehe gern mit dem Trend.

7. Sie haben ein romantisches Date im Restaurant und der Kellner ist unfreundlich. Sagen Sie etwas?

(c) Sich mit dem Kellner abzugeben, ist unter meinem Niveau. Ich lasse daher gleich den Chef des Restaurants antanzen und beschwere mich direkt bei ihm.

(d) Ich denke zwar kurz darüber nach, einen bösen Spruch zu machen, verwerfe die Idee dann aber wieder. Ich will uns schließlich nicht selbst den Abend verderben.

(e) Na klar, schließlich könnte ich jetzt auch bei dem neuen Franzosen um die Ecke sitzen. Da ist die Bedienung bestimmt netter.

(a) Auf jeden Fall, schließlich zahlen wir eine Menge Geld fürs Essen. Da erwarte ich schon, dass man uns auch entsprechend behandelt.

(b) Lieber nicht. Ich will kein Fass aufmachen, dann gucken sicher alle. Das wäre mir unangenehm.

8. Sie werden auf einem Langstreckenflug spontan in die First Class upgegradet. Toll, oder?

(a) Ja klar, aber noch besser wäre natürlich, wenn das auf dem Rückflug auch klappen würde.

(c) Ach, an diesen Luxus könnte ich mich wirklich gewöhnen. Wenn ich irgendwann einmal genug Geld verdiene, werde ich mir das ganz sicher öfter leisten.

(b) Ich finde es unfair, wenn ich so komfortabel reise, während meine Begleitung in der Holzklasse sitzt. Daher trete ich den Luxusplatz großzügig an sie/ihn ab.

(e) Ist schon toll hier in der ersten Klasse, viel mehr Platz zum Beispiel. Aber schneller komme ich dadurch auch nicht ans Ziel.

(d) Oje, ich hoffe, ich benehme mich zwischen all den Reichen und Schönen nicht daneben. Das wäre wirklich super peinlich …

9. Sagen Sie in einer Beziehung deutlich Ihre Meinung? Oder stehen Sie mehr auf Harmonie?

e Meine Beziehungen laufen immer recht harmonisch ab. Das liegt aber wohl auch daran, dass ich viel unterwegs bin und wir daher nicht so viel Zeit haben, uns gegenseitig auf die Nerven zu gehen.

d Ich bin auf jeden Fall niemand, dem im Affekt etwas Böses herausrutscht. Wenn ich Kritik üben will, dann plane ich das vorher und mache es so geschickt, dass es nicht brachial rüberkommt.

c Wenn einem etwas nicht passt, muss man das auch deutlich sagen. Ich kann mich in dieser Hinsicht nur schwer unterordnen.

a Ganz ehrlich: Ich kann auf jeden Fall besser austeilen als einstecken.

b Ich hasse Streitigkeiten. Wenn es mal knirscht, muss ich den ganzen Tag daran denken.

10. Wie sieht für Sie ein perfekter Sonntag aus? Womit verbringen Sie den Tag?

c Ich bin zwar in einer Partnerschaft, aber wir gehen auch mal getrennte Wege. Sonntags jogge ich zum Beispiel am liebsten allein.

b Ich verbringe den Tag in den Armen meines Schatzes. Wir lesen Zeitung im Bett und verlassen dieses auch für den Rest des Tages nicht.

a Ich putze das Auto, mähe den Rasen oder streiche endlich die vergilbte Wand im Arbeitszimmer. In einer gepflegten Umgebung fühle ich mich am wohlsten.

e Erst Frühstück mit Freunden, dann Sport, nachmittags Kino und danach zum Sushi-Essen. Langeweile kenne ich nicht.

d Die Sonntage sehen bei mir eigentlich immer ähnlich aus. Am liebsten entspanne ich und mache nichts Wildes.

Auswertung

Zählen Sie zusammen: Wie oft haben Sie a, b, c, d oder e angekreuzt? Es kann durchaus sein, dass Ihr Ergebnis nicht eindeutig ist und Sie mehrere Stresstypen in sich vereinen. Sehen Sie es positiv. Denn dadurch haben Sie auch mehr Ansatzpunkte, um etwas dagegen zu tun.

Typ A: Der Perfektionist

Was geht in Ihnen vor, wenn Sie etwas Tolles erreicht haben? Hält die Freude immer nur kurz an? Denken Sie stattdessen lieber gleich wieder darüber nach, wie das nächste Ziel aussehen könnte? Ihr Drang nach Vollkommenheit bereitet Ihnen mehr Stress, als Sie sich vermutlich eingestehen wollen.

Perfektionisten nehmen sich Kritik sehr zu Herzen. Schließlich sind sie überzeugt davon, sie müssten perfekt sein, um geliebt zu werden. Sie wissen zwar in ihrem tiefsten Inneren, dass eine Beziehung – egal ob privat oder beruflich – erst einmal wachsen darf. Trotzdem wollen sie von Anfang an alles richtig machen. Fehler lösen da schnell eine Krise aus.

Wie würde es sich anfühlen, wenn Sie sich gestatten, sich als wertvoll anzusehen durch das, was Sie bereits sind, und nicht durch das, was Sie denken noch alles leisten zu müssen? Sie dürfen sich selbst erlauben, auch einmal Fehler zu machen. Denn schließlich können wir alle aus Fehlern auch sehr viel lernen.

Blitz-Tipp für Sie: Unterhalten Sie sich mit Ihrem weisen Ich (siehe Seite 66).

Typ B: Der Liebesbedürftige

Harmonie steht in Ihrem Leben an oberster Stelle. Und Sie tun alles dafür, damit sie nicht gestört wird: Sie verbergen Ihre Wut, Sie geben nach und Sie sagen so oft wie möglich Ja und Amen. Wenn jemand Sie nicht mit offenen Armen empfängt, fangen Sie gleich an zu spekulieren, was Sie falsch gemacht haben.

Liebesbedürftige Menschen verstärken ihren eigenen Stress, indem sie selten Nein sagen. Sie können es einfach nicht. Dadurch versprechen sie oft mehr, als sie halten können. Leider sind sie nicht in der Lage, das offen zuzugeben, sondern denken sich lieber Ausreden aus. Die Angst vor Ablehnung ist zu groß.

Ihnen würde es guttun, wenn Sie öfter auch einmal die Ecken und Kanten zeigen, die in Ihnen schlummern. Versuchen Sie, sich weniger Gedanken darüber zu machen, ob diese nun jedem gefallen oder nicht. Fangen Sie lieber an, Ihre verschiedenen Charaktereigenschaften anzunehmen und zu akzeptieren. Sie werden sehen, das entspannt ungemein.

Blitz-Tipp für Sie: Nein ist ein ganzer Satz (siehe Seite 79).

Typ C: Der Einzelkämpfer

Sie sind sehr ehrgeizig und wahnsinnig freiheitsliebend. Ihr Verlangen nach Selbstbestimmung und Selbstverantwortung ist enorm – das ist zunächst einmal positiv. Diese Einstellung kann aber auch dazu führen, dass Sie selten Hilfe annehmen,

geschweige denn darum bitten. Bevor andere nicht so funktionieren, wie Sie es sich wünschen, machen Sie lieber alles allein.

Die Angst, von anderen abhängig zu sein, ist die große Triebfeder im Leben des Einzelkämpfers. Schwächen werden so gut wie gar nicht zugegeben, denn das würde am eigenen Selbstbild kratzen. Leider führt das oft zur totalen Überforderung.

Ihr Leben würde sich entspannter gestalten, wenn Sie Ihrer Umwelt weniger Misstrauen entgegenbringen würden. Vertrauen Sie Ihren Mitmenschen und sich selbst: Sie können Ihr Leben meistern, auch ohne ständig dafür kämpfen zu müssen.

Blitz-Tipp für Sie: 60 Sekunden Dankbarkeit (siehe Seite 134).

Typ D: Der Vorsichtige

Risiko? Gibt es in Ihrem Leben nicht. Bevor Sie einen Schritt machen, wird er zigmal überprüft. Ihr Wunsch nach Sicherheit und Kontrolle ist enorm. Daher fällt es Ihnen schwer, Entscheidungen zu treffen: Denn das geht eigentlich nur, wenn Sie vorher eine hundertprozentige Garantie erhalten, dass es die richtige ist. Ansonsten entscheiden Sie lieber gar nicht.

Vorsichtige Menschen wollen alles in ihrem Leben planen und steuern, um eventuelle Risikofaktoren möglichst zuverlässig auszuschalten. Dementsprechend bereiten ihnen neue Herausforderungen oder unerwartete Geschehnisse gehörigen Stress, den sie durch ihr eigenes, unsicheres Verhalten noch zusätzlich verstärken.

Aus diesem Grund machen sie viel lieber einfach so weiter wie bisher.

Für Sie wäre es wichtig, die Angst vor Neuem zu mindern. Stecken Sie sich öfter kleine Ziele, die leicht zu erreichen sind. So merken Sie, dass Sie gar nicht so oft zittern müssen. Auch Ihre Körperhaltung dürfen Sie immer wieder einmal entspannen. Sie neigen nämlich dazu, sich vor lauter Furcht zu verkrampfen.

Blitz-Tipp für Sie: Miese-Laune-Wörter (siehe Seite 62).

Typ E: Der Hektiker

Sie haben immer das Gefühl, unter Zeitdruck zu stehen? Sie sind unruhig und Ihr Alltag hat eine permanente „Beeil-dich-Dynamik"? Sicher treiben Sie nicht nur sich selbst zur Eile an, sondern auch Ihre Umwelt. Dadurch verbrauchen Sie mehr Energie, als Ihnen guttut.

Hektiker leben mit der ständigen Angst, etwas zu verpassen. Sie sind viel unterwegs, ruhige Phasen gibt es kaum. Dass das zu Stress führt, muss ich wohl nicht extra betonen. Um weiterhin leistungsfähig zu bleiben, sind regelmäßige Entspannungsauszeiten für Sie sehr wichtig. Wie gut würde es sich wohl anfühlen, den Akku regelmäßig aufzuladen? Dann hätten Sie auch wieder Zugriff auf wichtige Ressourcen, die in Ihnen stecken. Geben Sie sich öfter die Erlaubnis zu entscheiden, wann und ob Sie sich beeilen wollen – oder nicht.

Blitz-Tipp für Sie: Warum wir durch Hektik keine Probleme lösen (siehe Seite 123).

Logik ist nicht immer die Lösung

Wir leben im Technikzeitalter und denken, mit Logik lässt sich jedes Problem lösen. Aber wenn es um unser emotionales Gehirn geht, ist das leider nicht so. Um sich weniger subjektiven Stress zu machen, müssen wir diesen Teil des Gehirns beruhigen. Damit es anschließend schön entspannt mit dem rationalen Gehirn zusammenarbeitet. Beneiden Sie Leute, an denen Stress einfach abzuperlen scheint wie das Wasser an einem Lotusblatt? Das Geheimnis dieser Menschen? Sie haben ihr emotionales Gehirn im Griff. Es gerät nur selten außer Rand und Band. Früher sah das bei mir auch noch anders aus. Wenn mein emotionales Gehirn erst einmal in Fahrt war, grübelte ich ganze Nächte durch. Ich fand einfach keinen Schlaf – aber natürlich auch keine sinnvollen Lösungen für meine Probleme.

Das funktioniert erst besser, seit Entspannungsübungen ein fester Bestandteil meines Alltags geworden sind, wie zum Beispiel Hypnose oder Meditation. Durch diese Techniken besänftige ich meine Gefühle. Nur dann werden das emotionale und das rationale Gehirn zum unschlagbaren Team.

Relaxen Sie mehr, aber wirklich

Vielleicht denken Sie jetzt: „Aber ich mache doch schon Yoga und bin trotzdem gestresst." Entspannung funktioniert oft nicht, wenn wir sie einfach nur zusätzlich in unseren sowieso schon vollen Terminkalender hineinstopfen. Wer Relax-Zeiten einplant, darf dafür gern woanders einen Programmpunkt streichen. Sonst wird es zu viel.

Mir selbst ging es kürzlich so: Ich besuchte eine Freundin und wir verbrachten einen herrlichen Samstag miteinander. Wir frühstückten lange, redeten viel und machten uns erst am Nachmittag zu einem Bummel durch die Stadt auf, wo wir eine geschlagene Stunde in einer Buchhandlung hängenblieben. Am Abend wieder zu Hause dachte ich mir: „Dieser Tag war so entspannt. Ich habe energiemäßig richtig aufgetankt. Aber warum eigentlich?"

Die Antwort ist einfach: Weil ich nicht gearbeitet hatte. Ich bin selbstständig und sitze samstags des Öfteren vor dem Computer. Mal kürzer, mal länger. Das hat sich über die Jahre einfach so eingespielt. Jetzt habe ich beschlossen, das sein zu lassen. Ja, ich schaffe dadurch weniger und erreiche meine Ziele nicht so schnell, wie ich es mir vorgenommen habe. Aber dieser tolle Tag der Entspannung ist es mir wert.

Warum innere Werte für Stress sorgen können

Aber wie bestimmen wir, was uns im Leben wichtig ist? Das ergibt sich aus unseren individuellen Werten. Und die funktionieren wie ein Navigationsgerät, das uns durch den Lebens-Dschungel dirigiert. Es ist gefüttert mit Eigenschaften und Zielen, die uns persönlich als besonders wertvoll erscheinen.

Bei vielen Menschen stehen Werte wie diese weit oben:

- Erfolg
- Liebe
- Ehrlichkeit
- Gesundheit
- Sicherheit
- Kreativität
- Anerkennung
- Freiheit
- Geld
- Unabhängigkeit

Jeder von uns legt dabei eine andere Reihenfolge für seine Werte fest: Auf Platz 1 kommt das, was am wichtigsten ist. Zum Beispiel „Anerkennung", „Liebe", „Geld" oder „Dankbarkeit". Diese vier Werte finden sich übrigens bei fast jedem Menschen, wenn auch auf verschiedenen Rängen. Nicht jeder würde in seiner Werteliste die Dankbarkeit ganz nach oben stellen, aber vielleicht doch sagen, dass sie zum Leben dazugehört. Vielleicht ist für jemanden anderen Geld erstrebenswerter. Dann wird er versuchen, möglichst viel davon zu verdienen und sich gern mit Menschen umgeben, für die Geld ebenfalls eine große Rolle spielt.

Klarheit für eine wertvolle Zukunft

Sobald Sie sich Ihrer eigenen Werte bewusst werden, werden Sie eine große Klarheit für Ihr Leben erkennen – auch dafür, ob Sie es so leben, wie es Ihrer inneren Einstellung entspricht. Ist das nämlich nicht der Fall, müssen Sie sich ständig verbiegen. Und das kann auf Dauer ganz schön stressen.

Was aber nun ist Ihnen wichtig im Leben? Vielleicht wollen Sie sich darüber ja einmal Gedanken machen. Auf diese Weise erkennen Sie, wohin Ihr Lebens-Navi Sie führen darf. Das Nachdenken hilft Ihnen dabei, konsequente Entscheidungen zu treffen und diese umzusetzen. Der Sinn, seine eigenen Werte zu entdecken, liegt darin, dass Sie in den Bereichen, in denen Sie sich eine positive Veränderung wünschen, auch die entsprechenden Ziele anvisieren und Resultate erreichen.

> **»Der Mensch halte sich an sein Gebot, was immer es sei, und er wird auf seinem Weg nur Befriedigung ernten.«**
> *Ralph Waldo Emerson*

Was passiert, wenn man nach fremden Werten lebt

Werte sind eine heikle Angelegenheit. Sie bieten einen sehr fruchtbaren Nährboden für zwischenmenschliche Probleme. Viele Streitigkeiten entstehen dadurch, dass wir die von uns gelebten Werte unbewusst auch von unserem Gegenüber erwarten – allerdings ohne dass derjenige etwas davon ahnt.

Ich hatte einmal einen Klienten, der mit seinem Geschäftspartner im Streit lag. Dieser Klient hatte den Wert „Ehrlichkeit" für all seine Lebensbereiche auf Platz Nummer 1 gewählt. Egal ob es um Berufliches ging, um Privates oder Zwischenmenschliches: Ehrlichkeit stand für ihn an erster Stelle.

Seinem Geschäftspartner dagegen war Ehrlichkeit lange nicht so wichtig. Möglicherweise kam dieser Wert in seiner Liste zwar auch vor, er stand aber viel weiter unten. Wenn er dadurch seine Ziele schneller erreichte, belog der Mann seine Kunden und Kollegen schamlos. Dennoch arbeitete mein Klient weiter mit ihm – allerdings verlor er mehr und mehr an Selbstbewusstsein. Genau das passiert, wenn wir entgegen unserer eigenen Werte leben. Wir fühlen uns in unserer Haut zunehmend unwohl und werden unsicher. Diese Symptome können ein Anzeichen dafür sein, dass Sie gegen einen Ihrer persönlichen Werte handeln.

Meine persönlichen Werte

Hier haben Sie Platz, Ihre wichtigsten Werte einzutragen – was steht bei Ihnen ganz oben? Am besten füllen Sie die Liste mit einem Bleistift aus. Denn Werte können sich auch je nach Lebenssituation ändern …

1.

2.

3.

4.

5.

6.

7.

8.

9.

10.

Wenn jemand nach den Werten eines anderen Menschen lebt und seine eigenen darüber vernachlässigt, steht er permanent unter Stress – das ist zum Beispiel der Fall, wenn einem selbst in der Beziehung Treue sehr wichtig ist, dem Partner aber nicht. Viele nehmen Seitensprünge des anderen aus Angst vor dem Alleinsein in Kauf und setzen sich damit selbst unter Druck. Schlimmer noch: Sie leben nicht ihr eigenes, sondern ein fremdes Leben.

Es ist wichtig zu wissen, dass zwei Menschen ganz unterschiedliche Vorstellungen von ein und demselben Wert haben können, ihn als mehr oder weniger entscheidend ansehen können. Daher finde ich es auch so wichtig, sich auszutauschen – über die eigenen Werte und die des Gegenübers, sowohl auf der privaten Ebene als auch der beruflichen. Das erspart allen Beteiligten sehr viel Streit und Stress.

> »Wir dürfen den Menschen nicht nur als das sehen, was er ist, sondern müssen erkennen, wie er sein kann.«
> *Abraham Harold Maslow*

Der Eisberg in uns

Woher kommen unsere Werte? Zum einen von den Menschen, die uns erzogen haben. In der Schule werden uns ebenfalls Werte vermittelt. Und unsere Gesellschaft stellt natürlich auch ein Wertesystem dar.

Werte sind in unserem Unterbewusstsein gespeichert – darum nehmen wir oft nicht wirklich wahr, dass wir sie haben. Sie sind seit unserer Kindheit fest in uns verankert und haben dadurch großen Einfluss auf unser Handeln.

Stellen Sie sich einen Eisberg vor, von dem gerade einmal die Spitze aus dem Wasser ragt. Dieser Eisberg steht für unsere Wahrnehmung: Wissenschaftler haben herausgefunden, dass unser bewusster Verstand maximal zehn Prozent des Erlebten zur Kenntnis nimmt und darauf reagiert. Dagegen werden mindestens 90 Prozent unserer Handlungen unbewusst gesteuert. Gäbe es das Unbewusste nicht, würden uns die Sinneseindrücke, die täglich auf uns einprasseln, schlichtweg überfordern. Erst in Stresssituationen reagieren wir manchmal ganz anders als gewohnt.

Denn durch extreme Bedingungen werden Werte ans Licht gekitzelt, die sonst unter Wasser im Unterbewusstsein schlummern.

Es gibt einen bestimmten Grund dafür, dass wir auf die Welt kommen. Wir erkennen ihn oft erst, wenn wir unsere Werte ermitteln und diese leben.

Ein Erfahrungsbericht aus meiner Praxis

„ Vor ein paar Jahren war mein Leben ein Scherbenhaufen: Mein Mann hatte mich für eine bis dahin sehr enge Freundin verlassen und ich wusste nicht, wie es weitergehen sollte. Was sollte ich tun? Wohin sollte ich gehen? Ich hatte keine Ahnung. Was brauchte ich persönlich zum Glücklichsein? Das hatte ich mich schon ewig nicht mehr gefragt. Mit der Hilfe von Kim Fleckenstein stellte ich eine Werteliste auf, um mir bewusst zu machen, was mir überhaupt wichtig ist. In den Gesprächen mit ihr tauchten ganz neue Träume auf.

Wir legten kurzfristige, mittelfristige und langfristige Ziele fest. Ich beschloss zum Beispiel, zwölf Monate

später wieder in meiner Lieblingsstadt München zu leben und zu arbeiten. Und was soll ich sagen: Ich schaffte es. Eines von vielen Erfolgserlebnissen, die mich darin bestärkten, wieder an mich zu glauben.

Inzwischen habe ich einen neuen Job und bin mächtig stolz auf mich. Denn der neue Posten ist nicht nur eine schöne Herausforderung. Er hat mich auch finanziell nach vorn gebracht, was ebenfalls eines meiner Ziele war.

Und ich habe einen neuen Mann kennengelernt. Er ist geerdet, einfach toll und ich fühle mich sehr wohl mit ihm. Frau Fleckenstein brachte mir bei, dass ich zwar nicht über alles die Kontrolle haben kann, aber über eines auf jeden Fall: Wie ich eine Situation oder einen Menschen beurteile und mich dann fühlen und verhalten will. Das bestimme nur ich allein, niemand sonst. Ein gutes Gefühl.“

Elisabeth, 48,
Office-Managerin aus München

Eine gute Nachricht zum Schluss

Egal wie gestresst wir uns manchmal fühlen mögen oder wie ausweglos eine Lebenskrise, in der wir gerade stecken, auch erscheinen mag: Unser Gehirn verfügt über eine Reihe natürlicher Mechanismen der Selbstheilung. Jeder Mensch hat die angeborene Fähigkeit, wieder zu Harmonie und Wohlbefinden zurückfinden zu können – und das in jedem Alter, zu jedem Zeitpunkt und an jedem Ort.

Das Beste daran ist, dass sich dadurch nicht nur das momentane Befinden bessert. Sobald wir unser Gleichgewicht wiederfinden, finden wir auch die Antworten, die wir brauchen, um in Zukunft besser mit Stresssituationen umzugehen als bisher. Und das wiederum hilft, dauerhaft entspannt und gesund zu bleiben.

Besonders wirksam ist es, sich zur Stärkung der Selbstheilungskräfte solcher Methoden zu bedienen, die über den Körper gehen, wie zum Beispiel Meditation. Auf diesem Weg lässt sich das emotionale Gehirn direkt beeinflussen. Und unser Wohlergehen hängt in all seinen Formen von unserer emotionalen Reaktion auf Ereignisse ab. Das ist auch der Grund, warum ich in diesem Buch so viel Wert darauf lege, dass Sie in den nächsten drei Wochen sehr genau Ihre Gefühle beobachten. Neben Ihren Gedanken und Emotionen sind die Entspannungsübungen, die ich Ihnen in diesem Buch und auf der beigefügten CD anbiete, der Schlüssel zu einer immer größer werdenden Gelassenheit. Diese Gelassenheit wird Ihnen zukünftig dabei helfen, dass die Amygdala (das emotionale Gehirn) und der Neocortex (das rationale Gehirn) Hand in Hand arbeiten, nicht gegeneinander: Die Amygdala liefert die notwendige Energie und gibt die emotionale Richtung vor, der Neocortex kümmert sich um die Durchführung.

Die nächsten drei Wochen werden eine spannende Reise. Ich freue mich, dass ich Sie dabei begleiten darf.

»Wer keine Visionen hat, vermag weder große Hoffnungen zu erfüllen noch große Vorhaben zu verwirklichen.«

Thomas Woodrow Wilson

Meine Gedanken

SO SIEHT MEIN LEBENSFILM AUS

Meine Gedanken

MEINE SUBJEKTIVEN STRESSOREN

....

....

....

....

....

....

MEINE OBJEKTIVEN STRESSOREN

....

....

....

....

....

....

MEIN STRESSTYP –
UND WAS ICH ÄNDERN MÖCHTE (SEITE 20)

SCHICKEN SIE IHREN STRESS IN DEN URLAUB

Willkommen zur ersten Woche. Ich freue mich darauf, Sie die nächsten 21 Tage zu begleiten und Sie dabei zu unterstützen, Ihr persönliches Stressempfinden positiv zu verändern. Unser gemeinsames Ziel ist es, dass Sie in dieser Zeit und weit darüber hinaus gelassener auf Druck reagieren und einige Belastungen komplett aus Ihrem Leben verschwinden lassen. Wie? Finden Sie es heraus.

TAG 1
Finden Sie Ihre Stressmacher

Was Sie damit erreichen? Sie verringern negative Einflüsse

Heute schicke ich Sie auf eine kleine Forschungsreise durch Ihren Alltag. So lernen Sie viel über sich selbst – und über diejenigen Faktoren, die Sie auf hundertachtzig bringen. Mit einigen Tricks lassen Sie sie immer mehr los. Sehen Sie die kommenden drei Wochen als Urlaub vom Stress. Vereinbaren Sie hier und heute mit sich selbst, dass der Stress diese 21 Tage außen vor bleibt – so weit es geht. Sie haben frei, der Stress auch. Er weiß nur noch nicht, dass er sich danach eine neue Person suchen darf, der er auf die Nerven geht. Aber das müssen Sie ihm jetzt ja noch nicht sagen …

Diese Abmachung ist natürlich kein Gesetz, an das Sie sich immer und überall halten müssen. Sehen Sie es eher wie eine lockere Verabredung mit einer Freundin. Wenn Sie sich in den nächs-ten Wochen doch einmal stressen lassen, ist das kein Grund, alles hinzuwerfen. Gehen Sie milde mit sich um – so, wie Sie es auch mit Ihrer Freundin tun würden, wenn sie einmal zu spät kommt oder kurzfristig absagen muss.

Die innere Stärke wiederentdecken

Sie werden in der nächsten Zeit Ihre Gedanken, Gefühle und Reaktionen betrachten. Und die Art, wie Sie kommunizieren – mit sich selbst und mit anderen. Bei Treffen mit Verwandten, Freunden oder Bekannten dürfen Sie kritischer sein als sonst. Denn auch wenn die meisten Menschen einem nichts Böses wollen, wird es doch manche geben, die durch ihr Verhalten Ihr Befinden belasten, die Ihnen die Laune verderben oder Sie müde machen. Vielleicht stellen Sie fest, dass Sie die Angewohnheit haben, viel zu häufig über Sorgen und Probleme zu reden. Oder dass Sie sich in Gespräche darüber hineinziehen lassen – unbewusst oder sogar bewusst, weil Sie sich nicht zu sagen trauen, dass Sie das eigentlich alles gar nicht hören wollen.

Sie werden anfangen darüber nachzudenken, was Sie von sich selbst erwarten. Gehören Sie eventuell zu den Menschen, die jeden Tag am liebsten über 100 Prozent leisten wollen, weil alles andere danach aussehen würde, als seien Sie faul? Welchen Anspruch haben Sie in den letzten Jahren gegenüber sich selbst entwickelt? Ist er okay so? Ist er vielleicht etwas zu streng? Und wen wollen Sie mit diesem Verhalten überhaupt beeindrucken?

Sie wollen in Ihrem Leben weiterkommen. Sie wollen etwas hinter sich lassen, das Sie auslaugt und krank macht. Um das zu schaffen, brauchen Sie wichtige Erkenntnisse über sich selbst. Konzentrieren Sie sich auf das, was Sie gut können, und nicht darauf, was Sie im Vergleich zu anderen nicht hinbekommen. Werden Sie sich mithilfe dieses Buchs wieder Ihrer Kraft und Ihrer inneren Stärke bewusst.

Ein Satz für Ihre neue Zukunft

Sie haben im Theorieteil dieses Buchs bereits erfahren, dass es zwar Informationen oder Reize von außen sind, die

Trick

Das Positiv-Experiment

Ein Gespräch verläuft in Ihren Augen negativ? Lenken Sie es nach ungefähr 15 Minuten ganz bewusst auf ein anderes, positives Thema. Bitten Sie die Personen Ihres Vertrauens, dies auch bei Ihnen so zu machen, falls Ihnen Ihr Fokus aufs Negative selbst nicht auffällt.

uns aus der Fassung bringen. Aber der Stress entsteht in uns selbst – immer! Leider ist das eine Information, die wir nur ungern akzeptieren. Schließlich ist es viel einfacher, andere Menschen oder die Umwelt für unser Genervtsein verantwortlich zu machen.

Für den heutigen Tag und für die Zukunft möchte Ihnen daher folgenden Satz mit auf den Weg geben: Niemand kann Sie stressen, Sie ärgern oder wütend machen, wenn Sie das nicht zulassen. Sie allein sind für Ihre Gefühle und Gedanken verantwortlich.

Je mehr Sie Ihr Leben unter die Lupe nehmen – dazu gehören auch scheinbar beiläufige Situationen, Momente oder klitzekleine Augenblicke –, desto besser verstehen Sie sich selbst und die Stressmechanismen, die sich in Ihren Alltag eingeschlichen haben.

Vielleicht haben Sie ja auch schon den Test auf Seite 20 ff. gemacht und wissen bereits, welcher Stresstyp Sie sind. „Einzelkämpfer" geben zum Beispiel an allen Fronten Vollgas, obwohl es für sie oft viel einfacher wäre, wenn sie Hilfe annehmen würden. „Ängstliche" setzen sich unter Druck, weil sie Entscheidungen immer weiter aufschieben oder niemanden verletzen wollen. „Hektiker" befürchten ständig, etwas zu verpassen, und „Perfektionisten" sind sich selbst nie gut genug … Mithilfe der kleinen Übung auf Seite 43 gehen Sie noch mehr in die Tiefe.

 **Info** ## Luxus der Langeweile

Nutzen Sie jeden freien Moment, um auf Ihr Handy zu starren? Um zu spielen, Börsenberichte zu checken oder zu schauen, was Ihre Freunde gerade auf Facebook, Instagram oder anderen Online-Portalen machen? Vielleicht blättern Sie auch im Bus in einer Zeitung und lesen die aktuellen Nachrichten von einer Überschwemmung in Indien mit vielen Toten? Ja? All das bereitet Ihnen Stress.

Wussten Sie, dass sich Ihr Gehirn auch gern einmal langweilt? Dabei kann es sich nämlich unterbewusst mit anderen Themen auseinandersetzen. Forscher haben entdeckt, dass man nach so einer kleinen Pause sogar umso kreativer ist. Gönnen Sie sich also den Luxus – schon heute auf dem Weg zur Arbeit oder nach Hause, an der Supermarktkasse … Stehen oder sitzen Sie und tun Sie einfach gar nichts.

 **Übung** **Werden Sie zum Stress-Detektiv!**

Was genau stresst Sie eigentlich tagtäglich? Nervt Sie ein Freund, der zum x-ten Mal in letzter Sekunde ein Treffen abgesagt hat? Macht Sie der Straßenverkehr schnell unruhig, weil Sie denken, Sie könnten zu spät zu einem Termin kommen? Treibt Sie der Lärm von der Baustelle gegenüber vom Büro in den Wahnsinn, weil Sie das Gefühl haben, sich nicht richtig konzentrieren zu können?

Oft sind es ganz bestimmte Dinge, die unseren Stresspegel nach oben schnellen lassen. Finden Sie heraus, welche es bei Ihnen sind, indem Sie einen Tag ganz genau hinschauen. Vielleicht kommen Ihnen schon beim Lesen dieser Zeilen einige persönliche Stressauslöser in den Sinn. Falls nicht, ist diese Übung umso wichtiger für Sie. Es fällt uns oft leicht zu erkennen, was andere ändern müssten, um ein entspannteres Leben zu führen. Bei uns selbst können wir das manchmal gar nicht so schnell beantworten. Wenn jemand fragt, was uns stresst, haben wir daher häufig keine genaue Antwort: der Job, die Familie – so vieles. Aber pauschale Aussagen wie diese bringen Sie bei der Lösung Ihres Stressproblems leider keinen Schritt voran. Forschen Sie daher tiefer nach. Übrigens: Bei dieser Übung geht es nicht darum, ob andere Menschen das, was Sie stresst, für relevant erachten. Es geht um Ihr ganz persönliches Empfinden. Und zwar ohne Wertung. Sie dürfen entscheiden, wie Sie sich Ihre Stressmomente merken möchten: Notieren Sie sie auf der Gedankenseite (Seite 68), speichern Sie sie im Handy ab oder einfach nur im Kopf. Wichtig ist, dass Sie das, was passiert, einmal bewusst wahrnehmen – das ist die heutige Übung.

Finden Sie mithilfe einer fünfminütigen Übung Ihre Stressauslöser heraus.

TAG 2
Erkennen Sie, warum Sie Stress zulassen

Was Sie damit erreichen? Sie durchschauen geheime Mechanismen im Kopf

Nachdem Sie nun ja schon ein besseres Gefühl dafür haben, was oder wer bei Ihnen Stress auslöst, wäre es leicht zu sagen: Begeben Sie sich doch einfach nicht mehr in eine bestimmte Situation. Treffen Sie diese oder jene Person einfach nicht mehr. Leider lässt sich das im Alltag kaum umsetzen. Stattdessen dürfen Sie sich folgende Frage stellen: Warum tue ich mir das an?

Sie ahnen vielleicht schon eine ganze Weile, was Ihnen nicht guttut – lassen aber trotzdem zu, dass es Teil Ihres Lebens ist. Wieso? Ihre Antwort könnte lauten, dass Sie den Job dringend brauchen. Dass Sie den Menschen lieben, der neben Ihnen aufwacht. Oder dass Sie die volle U-Bahn jeden Tag nehmen müssen, um zur Arbeit zu kommen. Sie würden ja gern anders, aber …

Was uns wirklich von Veränderungen abhält

Hinter dem erwähnten „aber", mit dem wir unsere Aktionen verteidigen, lauern die wahren Gründe, die uns davon abhalten, unser Verhalten zu ändern. Gehen Sie daher weiter auf Spurensuche: Was trifft auf Sie zu?

Wir wollen Mitglied im Club sein

Wir leben in einem Zeitalter, in dem jeder immer erreichbar ist. Wir checken auf dem Sofa oder im Urlaub Dienstmails, telefonieren beim Wandern mit Freunden. Wir wissen zwar, dass das unserer inneren Ruhe schadet, trotzdem machen wir mit. Weil wir sonst das Gefühl haben, nicht dazuzugehören. Alle jammern, nicken sich verständnisvoll zu – und wir sind Mitglied im Stressclub. Weil uns der Mut fehlt, Nein zu sagen oder „Ich nicht".

Wir bleiben auf dem Trampelpfad

Von klein auf bahnen wir uns Trampelpfade durchs Lebensdickicht. Denen können wir immer wieder folgen und das spart auf Dauer Energie. Wunderbar! Aber nicht, wenn wir die ange-

Trick — Machen Sie Ihren Bauch zum Sieger

Wie würde es sich wohl anfühlen, wenn Sie wieder mehr auf Ihr (Bauch-)Gefühl hören würden, statt Entscheidungen mit dem Kopf zu treffen? Halten Sie also dem nächsten „Ich muss noch", das Ihnen Magenschmerzen verursacht, ein imaginäres Stoppschild entgegen.

Je öfter Sie dieses Schild einsetzen, desto mehr Veränderungen werden Sie spüren. Jeden Tag gibt es neue Aha-Momente, die Ihnen signalisieren, dass Sie auf dem richtigen Weg sind. Und zwar in Richtung Zufriedenheit, mit Betonung auf dem Frieden, der darin steckt.

legten Wege überhaupt nicht mehr verlassen, weil wir uns davor fürchten, was rechts und links davon liegt. Wir sollten immer im Hinterkopf behalten: Das einzig Konstante im Leben ist die Veränderung. Und das ist auch gut so.

Wir bringen uns selbst dazu zu scheitern

Es sind meist nicht die Erwartungen der anderen, an denen wir scheitern, sondern unsere eigenen. Wir wollen perfekt sein – schließlich wird uns das überall eingetrichtert. „Bekommen Sie den perfekten Bikini-Body", versprechen Zeitschriften. Und wenige Seiten weiter gibt es noch zehn Tipps für den perfekten Urlaub. Wir hecheln diesem Ideal hinterher und sind sauer, wenn es nicht funktioniert. Dabei hat ein zufriedenes Leben nichts mit Perfektionismus zu tun, sondern mit Authentizität. Mit unserer ganz persönlichen Handschrift.

Wir sind Zeitspringer

Wir zetern über Vergangenes oder halten Stress aus, damit es uns irgendwann besser geht („Wenn ich das schaffe, dann ..."). So entfernen wir uns immer mehr von einem Leben im Hier und Jetzt – und von der Möglichkeit, die eigene Zukunft mit Ruhe zu gestalten. Genau dafür ist es wichtig, mit der Vergangenheit abzuschließen.

Wir machen keinen Boxenstopp

Rennwagen brauchen Boxenstopps, bei denen kontrolliert, justiert und repariert wird. Wir dagegen rauschen ohne Pause durchs Leben, ohne Zeit für die elementaren Fragen, die uns die Antworten darauf geben können, was uns wirklich Freude bringen würde oder schon länger keinen Sinn mehr macht. Fragen Sie sich öfter: Was erwarte ich vom Leben? Gehe ich noch in die richtige Richtung? Warum bin ich hier? Sicher nicht, um mich selbst zu stressen.

Wir haben Angst, etwas zu verpassen

Endlich Wochenende, 48 Stunden freie Zeit zum Ausruhen, Auftanken, Ausklinken. Und was machen wir? Morgens Yoga, Mittagessen mit der Freundin, danach noch schnell einkaufen und putzen, damit wir es rechtzeitig zur Happy Hour und ins Kino schaffen. Auf einmal ist schon wieder Montag und wir fühlen uns genauso abgekämpft wie am Freitagabend. Nichtstun ist auch eine Aktivität – und zwar eine unerlässliche. Nur leider erlauben wir uns die immer seltener.

Wir fühlen uns ausgeliefert

Natürlich gibt es viele Stressfaktoren, die wir nicht beeinflussen können. Sie erscheinen uns sogar als besonders schlimm, weil wir uns ihnen ausgeliefert fühlen – etwa wenn der Kollege nicht mit Informationen rüberkommt, die wir dringend für eine Präsentation brauchen. Oder wenn wir eine Party-Location nicht buchen können, weil die geladenen Gäste sich mit der Rückmeldung Zeit lassen. Wir haben dann das Gefühl, das letzte Glied einer langen Kette zu sein und nicht so schnell handeln zu können, wie wir wollen.

Wir alle sehnen uns nach Zufriedenheit. Ich habe jedoch die Erfahrung gemacht, dass gerade Männer ein Problem mit diesem Begriff haben. Für sie ist er gleichbedeutend mit Stillstand – ein gutes Beispiel dafür, wie wir uns selbst Stress machen.

> »Bei den meisten Menschen ist die Ruhe nichts als Erstarrung und die Bewegung nichts als Raserei.«
> *Epikur*

Übung   # Ihre fünf SOS-Formeln

Suchen Sie aus den folgenden Formeln diejenigen heraus, die Sie am meisten ansprechen. Lesen Sie sie mehrmals durch, sobald es wieder hektisch wird und Sie das Gefühl haben, die Puste ginge Ihnen aus.

1. Ich weiß, dass ich kein Opfer äußerer Umstände bin, weil ich kein Opfer sein will. Ich habe zu 100 Prozent die Verantwortung für mein Leben und ich bin auch bereit, diese zu tragen. Wird mir das zu schwer, lege ich eine Pause ein, komme zur Ruhe und reflektiere meinen bisherigen Weg. So erkenne ich, wie es weitergehen soll – und ob mir vielleicht jemand dabei helfen kann.

2. In der Mitte der Woche überprüfe ich, wie sie bisher verlaufen ist. War es schon wieder zu hektisch? Darf und will ich heute einmal langsamer machen? Wie sollen die nächsten Tage aussehen? Was darf ich dafür in die Wege leiten? Habe ich am Wochenende genug Zeit zur Entspannung?

3. Ich achte heute besonders auf meinen Körper, denn er signalisiert mir sehr schnell und zuverlässig, wann es zu viel wird. Ich fokussiere mich bewusst auf meinen Atem, indem ich vermehrt tief in den Bauchraum ein- und wieder ausatme. Das beruhigt und entspannt mich.

4. Ich erkenne, dass ich Stress nicht vermeiden kann, aber ich habe Einfluss darauf, wie ich in stressigen Situationen reagiere. Und ich weiß, wann ich etwas einfach hinnehmen muss. Allein diese Erkenntnis hilft mir bereits, gelassener zu agieren.

5. Ich mache mir wieder bewusst, was ich vom Leben erwarte und was das Leben von mir erwartet. Ich entscheide, was mir guttut und was nicht. Ich traue mich immer mehr, diese Entscheidungen in die Tat umzusetzen. Das ist ein gutes Gefühl und macht mir Mut. Ich höre wieder mehr auf mein Bauchgefühl, denn dadurch begebe ich mich auf den für mich richtigen Weg.

TAG 3

Setzen Sie die Ärger-Brille ab

Was Sie damit erreichen? Sie werden ein positiverer Mensch

Auf vieles im Leben haben Sie keinen Einfluss. Ich verrate Ihnen heute aber, wie Sie trotzdem etwas bewegen können – indem Sie sich selbst bewegen. Verliebte tragen eine rosarote Brille, durch die die ganze Welt toll erscheint. Leider gibt es aber auch das Gegenteil: Menschen, die tagein, tagaus durch dunkle Brillengläser zu blicken scheinen und für die die Welt nur ein Mix aus tristen Grautönen ist.

Unser Glück hängt von unserer persönlichen Sicht auf die Dinge ab. Wir leiden in den meisten Fällen nicht wegen eines äußeren Umstands, sondern wegen unserer inneren Einstellung dazu.

> »Nicht die Dinge an sich beunruhigen den Menschen, sondern seine Sicht der Dinge.«
>
> *Epiktet*

Helens neuer Chef stellt alles auf den Kopf

Genauso ergeht es auch einer Klientin von mir, nennen wir sie Helen. Helen arbeitet als Sekretärin in einem großen Unternehmen und ist immer sehr korrekt: Ihr ist es wichtig, E-Mails von Kollegen und Vorgesetzten schnell und effizient zu beantworten. Sie hatte lange einen Chef, der ähnlich arbeitete. Das ermöglichte es Helen, ihren Job so zu erledigen, wie sie es von sich selbst erwartet. Sie war zufrieden.

Seit einigen Monaten aber sitzt ein Neuer im Chefsessel. Er antwortet nicht so schnell auf Helens Nachrichten, wie sie es gewohnt ist, und manchmal antwortet er sogar überhaupt nicht. Helen muss ihn immer wieder zwei- oder dreimal anschreiben, bis sie endlich weiterarbeiten kann. Sie hält ihren Vorgesetzten daher für schrecklich unverbindlich und schimpft über seine schlechte Arbeitsmoral. Inzwischen ist sie im Büro derart angespannt, dass sie schon seit Wochen unter schmerzhaften Nackenverspannungen leidet. Von den fünf Kilo mehr auf den Hüften ganz zu schweigen.

Trick

Verändern Sie nicht die Menschen, sondern den Blick auf sie

Wenn Sie sich in Ihrem Umfeld Veränderungen wünschen, so dürfen Sie sich zuerst einmal selbst verändern. Das mag zwar hart klingen, aber so ist es nun einmal. Warum soll jemand seinen Kurs ändern, nur weil Sie es gern so hätten? Würden Sie das für jemand anderen tun? Vielleicht für eine Person, die Ihnen am Herzen liegt, oder wenn Sie merken würden, dass Sie sonst Ihren Job verlieren. Um noch einmal auf Helen zurückzukommen: Ihr Chef wird sich bestimmt nicht für seine Sekretärin verändern. Um aus ihrer beklemmenden Situation herauszufinden, muss Helen also an ihrem eigenen Blick auf die Dinge arbeiten. Sie sollte lernen, sich nicht nur auf die negativen Vorkommnisse zu konzentrieren, sondern auch die positiven wahrzunehmen. Denn dass ihr Chef eine Null ist, wie sie gern behauptet, stimmt so sicher nicht.

Befinden Sie sich in einer ähnlichen Situation wie Helen? Gibt es etwas oder jemanden, der Ihnen gegen den Strich geht und Sie permanent stresst? Dann beobachten Sie einmal genau, worauf Sie den ganzen Tag schauen. Auf das, was Sie stört? Immer und immer wieder? Blicken Sie auch auf Dinge, die gut laufen? Schreiben Sie die positiven Beispiele auf der Gedankenseite (Seite 68) auf. Sie werden staunen, wie viele zusammenkommen.

Helen kann einfach nicht aufhören, sich ihren neuen Chef so zu wünschen, wie sie es gern hätte. Dabei trübt ihr strenger Blick zusehends ihre eigene Laune und auch das Verhältnis zu ihrem Vorgesetzten.

Sie sagen jetzt wahrscheinlich, dass Sie Helen verstehen und dass Sie mit so einem Chef auch nicht zusammenarbeiten könnten. Dass der Chef mit seinem Verhalten den ganzen Ablauf in der Firma und seinem Team behindert.

Dass so eine Arbeitshaltung für einen Mann in seiner Position nicht akzeptabel ist. Und damit haben Sie auch gar nicht so unrecht.

Aber so lang von der oberen Führungsetage nichts gesehen, gesagt oder getan wird, hat Helen genau zwei Möglichkeiten: Entweder sie verlässt die Firma oder sie akzeptiert, dass ihr Chef anders arbeitet als sie. Tut sie das nicht, wird ihr persönlicher Stress immer größer, die körperlichen Beschwerden werden schlimmer und unter Umständen überträgt sich Helens psychische Verfassung auch noch auf die Beziehung zu ihrem Freund.

Werden Sie resistenter

Vielleicht haben Sie in der Vergangenheit schon einmal versucht, etwas zu tun, damit Sie besser loslassen können und entspannter werden. Vielleicht haben Sie sogar angefangen zu meditieren, weil Sie gelesen oder gehört haben, dass Meditation ein wirksames Mittel zur Stressbewältigung ist. Ich vermute jedoch, dass Sie es relativ schnell wieder aufgegeben haben, weil es Ihnen zu anstrengend war, in einer bestimmten Position 20 Minuten still zu sitzen und an gar nichts zu denken – richtig? Das ist für viele Anfänger auch einfach zu viel. Verständlich, dass Sie damit aufgehört haben. Es würde mir auch so gehen. Probieren Sie doch einmal etwas anderes aus.

Das Leben schenkt Ihnen täglich die Möglichkeit, resistenter gegen Belastungen zu werden und Stresssituationen zu entkommen (oder dafür zu sorgen, dass sie erst gar nicht auftreten). Ich möchte Ihnen daher hier gern eine Gelassenheitsübung vorstellen, die schnell geht und sehr einfach ist (siehe Kasten Seite 51). Sie dauert gerade einmal eine Minute und ist trotzdem höchst effektiv. Das Tolle an dieser Übung: Sie können sie überall machen. In der U-Bahn, im Café, im Meeting (dann vielleicht lieber mit geöffneten Augen – das geht auch), am Strand … Wo immer Sie wollen. Ich verspreche Ihnen: Mit der Zeit werden Sie so gelassen sein, dass Sie das Gefühl haben, der gesamte Tag bestünde aus dieser Übung – auch wenn Sie natürlich ein bisschen üben müssen, bis Ihre Gelassenheit in Topform ist.

Lieber nur kurz entspannen, aber dafür öfter

Sie werden erstaunt sein, wie diese kleine Übung Sie auf Dauer immer gelassener werden lässt. Und vielleicht fragen Sie sich, warum ich Ihnen jetzt nicht rate, sie mit der Zeit schrittweise zu verlängern? Erst eine Minute, dann zwei, dann drei? Das könnten Sie natürlich tun. Aber viel besser ist es, wenn Sie sich mehrmals am Tag eine Minute Zeit zum Entspannen nehmen, als nur einmal für fünf Minuten abzuschalten. Gelassenheit sollte nämlich trainiert werden. Und die eine Minute dafür werden Sie immer wieder dazwischenschieben können, oder? Und sollten es zwischendurch tatsächlich einmal ein paar Minuten zusätzlich sein: umso besser.

Übung Gelassener in nur einer Minute

Nehmen Sie sich eine kurze Auszeit. Setzen Sie sich bequem auf einen Stuhl, die Fußsohlen berühren den Boden. Machen Sie sich bewusst, dass Sie nun für eine Minute nicht erreichbar sind. Achten Sie darauf, dass Sie aufrecht sitzen – Schultern zurück, Kopf gerade, so als ob er durch einen unsichtbaren Faden mit der Decke verbunden wäre. Stellen Sie sich nun einen Wecker oder die Stoppuhr in Ihrem Handy auf eine Minute. Schließen Sie Ihre Augen und konzentrieren Sie sich auf Ihren Atem. Erleben Sie diese erfrischende Minute, indem Sie von Atemzug zu Atemzug wandern. Ein und aus, ein und aus …
Falls Ihre Gedanken abschweifen, ärgern Sie sich nicht darüber, sondern sagen Sie innerlich: „Jetzt nicht." Dann kehren Sie zurück zur Übung und atmen ruhig weiter.

Genießen Sie mit mir die Eine-Minute-Meditation.

TAG 4

Denken Sie weniger darüber nach, was andere denken

Was Sie damit erreichen? Sie werden selbstbewusster und stärker

Wir machen unser Handeln viel zu oft und völlig sinnlos von anderen abhängig. Am heutigen Tag erfahren Sie, wie gut es sein kann, sich von diesem Denkmuster zu verabschieden.

Ich habe noch keinen Menschen getroffen, dem es total egal ist, was andere über ihn denken. „Was, wenn ich das Abendessen absage?" „Was, wenn ich meiner Freundin sage, dass ich mir XY nicht leisten kann?" Zig derartiger Fragen gehen uns jeden Tag durch den Kopf. Was uns dabei vielleicht nicht bewusst ist: Mit jeder Frage mindern wir unser Selbstbewusstsein.

Wir wollen alle geliebt werden. Wir haben alle Angst vor Ablehnung. Daher ist es völlig normal, dass es Ihnen wichtig ist, was Ihr Partner, Ihre Familie, Ihre Bekannten und Arbeitskollegen über

Sie denken. Aber wenn Sie es übertreiben, kann hier bereits der Stress anfangen. Und er wird umso größer, wenn Sie sich auch noch den Kopf darüber zerbrechen, was Nachbarn, Verkäuferinnen oder wildfremde Passanten auf der Straße von Ihnen denken könnten. Sie wollen am liebsten der ganzen Welt gefallen? Da haben Sie aber was zu tun. Kein Wunder, dass Sie sich gestresst fühlen.

Leider stellen wir uns viel zu selten die Frage, was andere Menschen Positives über uns denken könnten. Vielleicht fände es Ihr Chef sogar gut, wenn ein selbstbewusstes Nein von Ihnen käme, weil Sie für noch mehr Überstunden keine Kapazitäten mehr haben. Und was dieses Nein erst für Ihr Selbstwertgefühl bedeuten würde, davon will ich gar nicht erst anfangen.

Der liebesbedürftige Luis

Einer meiner Klienten, Luis, wurde von seinen leiblichen Eltern bereits als Baby ins Heim gegeben. Er kam zu Pflegeeltern, die sich fünf Jahre später scheiden ließen. Luis blieb bei seiner Pflegemutter, sah seinen Pflegevater aber fast je-

Warum ist ein Mensch selbstbewusst und der andere nicht?

Die Angst vor Ablehnung hat ihre Wurzeln in der Kindheit. Damals waren wir auf unsere Eltern angewiesen. Sie haben sich um uns gekümmert – oder auch nicht. Sie haben uns geliebt – oder auch nicht. Sie haben uns bestraft – oder auch nicht. In dieser Zeit werden wir geprägt: Wir bauen eine innere Widerstandskraft auf, die sogenannte Resilienz. Wir entwickeln Selbstbewusstsein. Und je nachdem wie das gefördert wurde, machen wir uns mehr oder weniger Gedanken darüber, was andere Menschen über uns denken könnten.

des Wochenende. Als der ihm schließlich seine neue Frau vorstellte, fand der Junge es völlig in Ordnung. Ihm war nur wichtig, seinen Vater weiterhin regelmäßig zu sehen. Seine Pflegemutter aber tobte vor Eifersucht und bestrafte Luis für ihre eigene innere Unzufriedenheit. Er kam in ein Internat. Mit zwölf Jahren begann er zu trinken. Mit der Zeit kamen noch andere selbstschädigende Verhaltensweisen dazu.

Luis kämpft noch heute täglich darum, seinen inneren Frieden damit zu schließen, dass er als Kind so oft abgeschoben wurde. Wie man sich denken kann, fällt er beim Test zum Stresstyp in die Kategorie der „Liebesbedürftigen".

Obwohl er mittlerweile über 30 ist, macht er sich den ganzen Tag damit Stress, anderen Menschen zu gefallen. Sein Gedankenkarussell läuft und läuft und läuft …

Es muss Ihnen als Kind nicht so ergangen sein wie Luis. Wenn Sie sich dennoch ständig Sorgen wegen des Urteils anderer machen, so hat das wahrscheinlich damit zu tun, dass Sie Ihrem inneren Kind noch nicht bewusst gemacht haben, dass Sie nun erwachsen sind. Ihre Eltern haben Sie als Versager beschimpft? Ihnen prophezeit, Sie würden sowieso nichts auf die Reihe bekommen? Werfen Sie Urteile, die andere über Sie gefällt haben, über

Ein Gedankenspiel

Beobachten Sie heute einmal, wann Sie sich über die Gedanken anderer Gedanken machen. Notieren Sie das am besten auf der Gedankenseite (Seite 69). Wenn Sie die Beispiele schwarz auf weiß vor sich sehen, wird Ihnen klar, was da in Ihrem Unterbewusstsein jeden Tag für ein Programm abläuft. Sie wollen diese Gedanken ja schließlich nicht mehr haben, oder?

Bord. Denn es sind nicht Ihre eigenen. Und wenn doch, dann fangen Sie an sie zu verändern. Hören Sie auf damit sich kleinzumachen. Wenn Sie mehr Selbstbewusstsein entwickeln wollen, dürfen Sie sich nicht mehr von der Meinung anderer abhängig machen.

Mein Einpark-Dilemma

Auch mir fällt es manchmal schwer, meine negativen Gedanken abzuschalten. Vor Kurzem hatten mich Freunde zum Essen eingeladen. Genau vor ihrem Haus gab es einen wunderbaren Parkplatz, in den ich rückwärts einparken wollte. Normalerweise kein Problem, aber ich habe ein neues Auto mit Heckkamera – und die trieb mich in den Wahnsinn. Denn sie zeigte mir an, dass ich mich bitte nicht nur auf das Bild im Display verlassen sollte.

Ich fing also an, einzuparken und schaute dabei immer hin und her. Erst nach hinten durchs Rückfenster, dann wieder vorn aufs Display. Nach hinten, nach vorn, nach hinten … Ruck, zuck fühlte ich mich gestresst, fing an zu schwitzen, drehte die Musik runter und den Stresspegel rauf – indem ich auf die Fußgänger achtete, die den Gehweg entlangkamen. Dreimal dürfen Sie raten, was mir durch den Kopf ging: „Jetzt denken die bestimmt, dass ich zu blöd zum Einparken bin, obwohl die Parklücke so groß ist, dass auch ein Siebentonner reinpassen würde." Und es ging noch weiter: „Sie kann zwar nicht einparken, aber Hauptsache, sie fährt ein Cabrio."

Als ich später über die Situation nachdachte, wurde mir klar, warum ich mich so gestresst hatte: Ich mag gewohnte Abläufe, sie geben mir innere Sicherheit. In diesem Fall wollte mein Autopilot sein übliches Programm ablaufen lassen. Das ging aber mit dem neuen Wagen nicht. Ich habe es nicht sofort hinbekommen und das hat mich gestört. Indem ich die Fußgänger miteinbezog, habe ich den Druck auf mich selbst noch erhöht.

Nachdem ich das erkannt hatte, habe ich herzlich über mich gelacht und mich dann ausgiebig gelobt. Dafür, dass ich wieder ein bisschen mehr über mich selbst und meine inneren Mechanismen verstanden habe.

Trick Fragen statt kritisieren

Wenn Sie das nächste Mal in einer ähnlichen Situation sind, fangen Sie bitte nicht gleich an sich kleinzumachen. Stellen Sie lieber ein paar Fragen: Was passiert in dieser Situation tatsächlich? Denken andere wirklich so, wie Sie es sich gerade in Ihrem Kopf vorstellen?

Saßen die Fußgänger, die mich gesehen haben, danach zusammen und haben über die unbekannte Frau gelacht, die etwas länger brauchte, um rückwärts einzuparken? Oder war vielleicht jemand dabei, der sagte: „Das ist mir letztens auch passiert." Sah es von außen so dramatisch aus, wie ich es mir ausgemalt habe? Hat überhaupt jemand meinen Fauxpas mitbekommen? Haben einige Passanten vielleicht hingeschaut, aber währenddessen über etwas viel Wichtigeres gesprochen?

Und was interessiert es mich überhaupt, was wildfremde Menschen, die ich nie wieder sehen werde, über mich gedacht haben mögen oder auch nicht? Wahrscheinlich müssen Sie dann über sich selbst lachen – so wie ich es getan habe.

TAG 5

Lassen Sie sich nicht unter Druck setzen

Was Sie damit erreichen? Sie spüren wieder, was Ihnen wichtig ist

Sie haben das Gefühl, Ihr Leben ist aus dem Gleichgewicht geraten? Heute finden wir heraus, warum das so ist. Und wie Ihr persönlicher Idealzustand aussehen könnte.

An meinem Kühlschrank hängt eine Postkarte mit der Aufschrift: „Das Leben liebt das Gleichgewicht." Hinter diesem Satz stehe ich, denn es ist wichtig, sein Leben ausgeglichen zu gestalten. Einseitigkeit tut uns nicht gut. Das heißt: Wer arbeitet, muss auch entspannen – das gilt für Unternehmer genauso wie für Mütter oder Väter, die den Haushalt schmeißen und den Alltag ihrer Familie organisieren.

Für dieses Credo gibt es einen neudeutschen Begriff: die berühmte Work-Life-Balance. Sie setzt sich zusammen aus Work (Arbeit), Life (Leben) und Balance (Ausgleich) und soll verdeutlichen, dass es wichtig ist, Job und Privates in Einklang zu bringen. Ehrlich gesagt mag ich diesen Begriff überhaupt nicht. Denn er macht gleich wieder Druck. Ständig müssen wir uns fragen: Stimmt unsere Work-Life-Balance eigentlich? Ist etwas nicht in Ordnung? Menschen wollen Diagnosen, so sind wir. Aber die machen das Leben nicht einfacher. Work-Life-Balance ist ein toll klingender Begriff, mit dem sich durch entsprechende Seminare und Bücher viel Geld verdienen lässt. Auch für Arbeitgeber ist er praktisch. Firmen bieten Yogakurse im Büro an und sagen: „Wir tun doch was für deine Work-Life-Balance." Nehmen die Angestellten das Angebot nicht an, ist es ihre Schuld, wenn sie aus der Balance geraten.

Sollen wir Smartphones und Computer abschaffen?

Wenn die Menschen früher von der Arbeit nach Hause kamen, begann für sie oft die Freizeit. Es gab keine E-Mails, keine Handyanrufe aus der Firma, kein Home-Office nach Feierabend. Das ist heute anders. Eine strikte Trennung von

Arbeit und Privatleben sowie regelmäßige Arbeitszeiten von 9 bis 17 Uhr gibt es so gut wie gar nicht mehr. Sie sind im Urlaub? Das hindert Sie nicht daran, per Skype oder Telefon an einem wichtigen Meeting teilzunehmen. Schließlich gehört das Projekt in Ihren Verantwortungsbereich.

Wäre es eine Lösung, Smartphones und Computer abzuschaffen? Vielleicht. Aber das lässt sich wohl nicht realisieren. Es geht auch nicht darum, die Technik einzustampfen, sondern anders und bewusster mit ihr umzugehen. Ich persönlich nutze mein Smartphone 365 Tage im Jahr. Ich habe einen Onlineshop, in dem ich unter anderem Hypnoseprogramme verkaufe, und der ist das gesamte Jahr geöffnet. Täglich kommen E-Mails mit Fragen oder Bestellungen rein. Auch auf meinem Smartphone gehen zwar ständig Nachrichten ein, aber das heißt nicht, dass ich auf jede sofort reagieren muss. Mein Smartphone ist ein Arbeitsmittel, nicht mehr und nicht weniger. Es bestimmt nicht meine Zeit, sondern ich bestimme seine Zeit. Wie ich das mache? Ganz einfach: Ich meditiere morgens nach dem Aufwachen und trinke gemütlich einen Tee. Erst danach schalte ich mein Handy an. Zu bestimmten Freizeitaktivitäten (etwa wenn ich einen Spaziergang mache) nehme ich es erst gar nicht mit. Und bei Treffen mit Freunden oder wichtigen Terminen stelle ich es auf lautlos, sodass ich meine Aufmerksamkeit nicht immer wieder teilen muss. Wir haben oft Angst, etwas zu verpassen, wenn das Smartphone zu Hause oder ausgeschaltet bleibt. Aber probieren Sie es aus. Sie werden merken, dass Sie nichts verpassen. Überhaupt nichts.

Welche Opfer wollen Sie nicht mehr bringen?

Sie dürfen für sich festlegen, wer Ihre Zeit bestimmt – und wie. Sie dürfen dazu stehen, was Sie tun und was Sie nicht tun. Das erfordert Mut. Vor allem, wenn Sie das ab sofort ändern wollen. Wie sähe Ihr Leben wohl aus, wenn Sie kein Opfer Ihres Alltagstrotts mehr wären? Überlegen Sie sich, wann Sie welche Ausnahmen machen wollen und wie viele das sein sollen, ohne dass es für Sie zum Nachteil ist. Wie viel Zeit

 **Trick**

Kleine Seelen-Sprechstunde im Bett

Sie wachen morgens auf und etwas schnürt Ihnen beim Gedanken an den Tag die Kehle zu? Dann hetzen Sie bitte nicht gleich wieder rein in den Alltagsstress – das würde sich früher oder später in Form körperlicher Beschwerden rächen. Bleiben Sie lieber kurz liegen und spüren Sie in sich hinein:

• Was ist mit mir los?

• Was will mir meine Seele mit diesem Gefühl sagen?

• Was stimmt in meinem Leben nicht (mehr)?

brauchen Sie für Ihre Regeneration? Wenn Sie sich das überlegt haben, dürfen Sie es auch kommunizieren. Die meisten Menschen sagen nicht, was ihnen wichtig ist. Sie warten viel zu lange damit und dann ist es zu spät. Warum sind wohl die Kliniken voll mit Menschen, die unter Burn-out leiden? Sie halten aus Angst, Scham oder Perfektionismus zu lange still. Eines ist klar: Wann unser Leben im Gleichgewicht ist, wissen nur wir selbst. Die einen machen ihren Job mit so viel Leidenschaft, dass sie vielleicht mit 70 Prozent Job und 30 Prozent Freizeit zufrieden sind. Bei Ihnen ist es genau anders herum? Auch gut! Sie müssen nur für sich klären, was Ihr jetziger Stand ist. Denn der kann sich natürlich ändern. Ein Workaholic, der früher seinen Beruf liebte, ist vielleicht schon längst nicht mehr erfüllt davon. Aber er merkt es nicht, weil er verlernt hat, in sich hineinzuhören.

 **Übung** ## Sieben Fragen für Ihre Wunsch-Suche

Wenn Sie mir jetzt sagen, dass Sie sich gar nicht so gut kennen und gar nicht (mehr) wissen, was für Sie gut ist oder nicht, kann ich Ihnen nur antworten: Genau das dürfen Sie sich wieder bewusst machen. Unabhängig davon, was Sie von dem Begriff Work-Life-Balance halten, ob dieses Konzept für Sie Sinn macht oder nicht, geht es hier nur darum, was Sie sich wünschen. Aber was genau ist das? Ihre Antworten machen es Ihnen deutlich:

- Wie soll mein Leben zukünftig aussehen?

- Wie viel Zeit möchte ich in den Beruf investieren?

- Wie viel Zeit will ich für mein Privatleben haben?

- Was bedeutet für mich Lebensqualität?

- Wie viel Zeit brauche ich für mich allein?

- Was will ich ab sofort von meiner To-do-Liste streichen?

- Welchen Wert will ich der Arbeit zukünftig geben?

TAG 6

Verzichten Sie auf bestimmte Wörter

Was Sie damit erreichen? Sie tappen nicht in die Verallgemeinerungsfalle

Ihr schlimmster Kritiker sind Sie selbst. An diesem Tag zeige ich Ihnen, welche Wörter Sie bei einem inneren Zwiegespräch streichen sollten. Denn die machen alles nur noch schlimmer.

Wissen Sie, warum so viele Menschen an der sogenannten „Aufschieberitis" leiden? Weil sie sich mit einem unguten Gefühl an eine Aufgabe setzen. Um dann tausend andere Dinge zu tun, die plötzlich wichtiger erscheinen. Zum Beispiel Fenster putzen, die Fliesen im Bad polieren, den Kühlschrank aufräumen, Lebensmittel einkaufen …

Dann ist zwar die Wohnung schön sauber und der Kühlschrank gefüllt, aber die eigentlich anvisierte Aufgabe ist immer noch nicht erledigt. Und zu der Panik, Hilflosigkeit oder Überforderung, die man anfangs schon verspürte, kommt jetzt noch ein destruktives Selbstgespräch, das meist dazu führt, dass sich derjenige noch schlechter fühlt – und das auch so kommuniziert.

Evas Vermeidungstaktik

Vor einiger Zeit führte ich ein Telefonat mit meiner Freundin Eva, die ständig über Stress klagt. Unser Gespräch verlief in etwa so:

Eva: „Alles ist Scheiße!"

Ich: „Wirklich alles?"

Eva: „Ja, wirklich alles."

Ich: „Also sind deine zwei Töchter Scheiße?"

Eva, entsetzt: „Nein, natürlich nicht."

Ich: „Ist es dein Hund, der Scheiße ist?"

Eva, empört: „Ich liebe den Hund."

Ich: „Dann ist die Arbeit Scheiße?"

Eva, innerlich schon klarer: „Nein, die Arbeit ist es auch nicht."

Ich: „Was ist denn dann Scheiße?"

Eva, traurig: „Die Beziehung zu meinem Mann."

Dieser Dialog, der wirklich eins zu eins so stattgefunden hat, verdeutlicht einen wichtigen Aspekt zum Thema Stress: Dadurch, wie wir mit uns und mit anderen sprechen, verschärfen wir unbewusst unsere eigene Situation. Wir verallgemeinern, ohne weiter darüber nachzudenken, was wir eigentlich sagen und was wir damit auslösen. Natürlich ist das auch eine prima Vermeidungstaktik. Eva weiß nämlich genau, wie es um ihre Beziehung steht und was es bedeuten würde, wenn sie ihre Gedanken auf den Punkt brächte. Deshalb versteckt sie sich lieber hinter Verallgemeinerungen und schiebt eine längst fällige Aufgabe vor sich her: das Gespräch mit ihrem Ehemann.

„Aufschieberitis" ganz gefühlvoll beseitigen

Was kann Eva tun, um ihre „Aufschieberitis" abzulegen? Sie darf sich erst einmal bewusst machen, wovor sie sich fürchtet. Dann darf sie sich vorstellen, wie sie sich nach dem Gespräch fühlen will. Vielleicht ist sie erleichtert, weil sie endlich etwas gegen den innerlichen Stress getan hat, der sich in den Worten „Alles ist Sch…" ein Ventil sucht. Um es noch einmal zu betonen: Es geht hier um Evas Gefühle und nicht um die ihres Mannes. Denn sie kann nicht wissen, wie es in ihm aussehen

Fünf Sätze, die Sie garantiert nicht weiterbringen

- Nichts funktioniert.
- Alle sind gegen mich.
- Ich bin immer deprimiert.
- Ich kriege überhaupt nichts auf die Reihe.
- Ich habe alles versucht und es hat nichts genutzt.

wird. Oft fürchten wir uns aber vor einem Gespräch, weil wir zu wissen glauben, wie der andere reagieren wird. Wir denken: „Wenn ich das sage, flippt er aus." Gehen wir mit dieser „Gewissheit" ins Gespräch, ist die Wahrscheinlichkeit hoch, dass es auch so kommt. Daher sollten wir die Gefühlsprognosen für andere lieber lassen. Natürlich sollen Eva die Gefühle ihres Mannes nicht egal sein. Aber für seine Emotionen ist er selbst zuständig, sie kann dafür nicht auch noch die Verantwortung übernehmen. Er entscheidet, ob er sich wegen des Gesprächs schlecht fühlen will oder nicht. Wenn es denn überhaupt jemals stattfindet.

Miese-Laune-Wörter

Wenn wir nicht mehr weiterwissen oder uns vor etwas drücken, verwenden wir gern Wörter wie nie, immer, keiner, niemand, alle, ständig, gar nichts, jedes Mal oder alles. Wir tun so, als ob es keine Ausnahmen mehr gäbe und verbauen uns damit selbst den Blick auf Alternativen und Lösungen.

Eva verallgemeinert momentan nämlich lieber weiter und redet sich ein, dass ein Gespräch „wie immer" nichts bringen wird. Sie hofft wohl auf ein Wunder, durch das alles wieder wie früher wird. Aber wenn es nicht dazu kommt, wird sie sich immer schlechter fühlen. Und wertvolle Lebenszeit vergeuden.

Eine Verallgemeinerung mit schweren Folgen

Ich stritt mich mit einer engen Freundin einmal so heftig, dass wir für fünf lange Jahre den Kontakt zueinander abbrachen. Sie hatte hinter meinem Rücken schlecht über mich geredet und ich war wahnsinnig verletzt.

Durch einen Zufall liefen wir uns wieder über den Weg – mit fünf Jahren mehr Weisheit im Gepäck. Wir sprachen erstmals in Ruhe darüber, was damals vorgefallen war. Ich fragte sie, warum sie mir das, was sie damals gestört hat, nicht persönlich gesagt hatte. Ihre Antwort war: „Weil du immer gleich an die Decke gehst, wenn man dich kritisiert."

Rums – das saß. Ich war zutiefst beschämt, weil ich natürlich nicht will, dass eine gute Freundin sich nicht traut, mir etwas zu sagen. Aber für meine Freundin war es auch wichtig zu erkennen, dass ihr mangelnder Mut sie nicht weitergebracht hatte. Ein persönliches Gespräch hätte höchstwahrscheinlich keine fünf Jahre während Freundschaftspause nach sich gezogen. Vor allem, wenn sie sich bewusst gemacht hätte, dass sie mit ihrem „immer" in die Verallgemeinerungsfalle getappt ist. Ich konnte mich damals zwar über vieles aufregen, aber sicher nicht über alles.

Entlarven Sie sich selbst

Achten Sie einmal darauf, wie Sie innerlich und in der Öffentlichkeit über sich selbst sprechen. Wie oft machen Sie sich dadurch das Leben schwer? Suchen Sie sich Gesprächspartner, von denen Sie wissen, dass sie Ihnen bei Verallgemeinerungen zustimmen? Das mag zwar im ersten Moment tröstlich sein. Aber eines ist klar: Sie kommen dadurch keinen Schritt weiter. Im Gegenteil: Sie entmutigen sich nur selbst.

Machen Sie sich einen Spaß daraus zu übertreiben, wenn Ihnen das nächste Mal ein verallgemeinernder Satz rausrutscht: „Im Büro mag mich keiner. Alle Kollegen sind doof. Immer muss ich Überstunden machen. Nie hört mir jemand zu. Ich kriege gar nichts auf die Reihe." Sie werden merken, dass die Situation für Sie leichter wird. Weil Sie erkennen, dass es so schlimm nun doch nicht ist.

Das funktioniert auch, wenn Sie einen Ihrer verallgemeinernden Sätze genau hinterfragen. Notieren Sie ihn auf der Gedankenseite (Seite 69). Stellen Sie sich dafür selbst so die Fragen, als würden Sie sich mit jemandem unterhalten, der Sie sehr schätzt und Ihnen helfen will, aus dieser Spirale von destruktiven Äußerungen herauszukommen.

Sie sagen zum Beispiel: „Ich habe immer Angst." Dann fragen Sie sich: „Immer? 24 Stunden am Tag? Auch, wenn du einen lustigen Film im Kino anschaust? So wie in der letzten Woche, als du mir am nächsten Tag mit Begeisterung von diesem Film erzählt hast? Da kamst du mir überhaupt nicht ängstlich vor."

Was das bringt? Sie können nicht gleichzeitig fröhlich sein und Angst haben. Aber solange Sie sich hinter Verallgemeinerungen verstecken, können Sie nicht herausfinden, was Ihnen überhaupt Angst macht. Sie verstärken damit leider nur die Stresshormone in Ihrem Körper. So kommen Sie nicht weiter.

TAG 7

Genießen Sie einen Tag der Gegenteile

Was Sie damit erreichen? Sie erleben, welch große Wirkung kleine Veränderungen haben können

Seit sechs Tagen beschäftigen Sie sich mit sich selbst. Jetzt ist es Zeit für erste Veränderungen. Daher beenden wir diese Woche mit einem besonderen Tag: Sie machen heute bitte einmal genau das Gegenteil von dem, was Sie bisher so getan haben.

Wie wäre es, wenn Sie heute zum Beispiel einmal das Verb „müssen" aus Ihrem Wortschatz streichen? Einfach so. Rutscht es Ihnen doch ab und zu raus? Stellen Sie für sich fest, wie negativ dieses Wort Ihre Laune und Ihr Verhalten beeinflusst. Ähnlich ist es beim Wort „aber" – ein echter Verhinderer. Formulieren Sie Ihre Sätze anders und schauen Sie, wie viel besser es Ihnen damit geht. Aber nur heute. Morgen können Sie gern wieder etwas müssen – wenn Sie unbedingt wollen.

Ein paar andere Vorschläge: Sie packen sich den Tag normalerweise mit einer langen To-do-Liste voll? Kürzen Sie sie um die Hälfte. Sie sind von Ihrem Chef genervt und zeigen das mit der entsprechenden Körperhaltung und Mimik? Verändern Sie das. Sie meinen, immer alles selbst machen zu müssen? Dann überlegen Sie, wo Sie sich helfen lassen könnten. Vielleicht sind Sie ein Mensch, der gern perfekt ist. Was würde passieren, wenn Sie es heute einmal nicht wären? Sie brauchen deswegen nicht gleich schlampig zu arbeiten, aber eben auch nicht 200 Prozent geben. Gehören Sie zu den Gewohnheitstieren, deren Tag nach einem festen Schema abläuft? Bringen Sie das bewusst durcheinander: Gehen Sie zum Beispiel abends joggen statt gleich am Morgen und beobachten Sie, wie es Ihnen dabei geht.

> »Wenn du wissen willst, wer du warst, dann schau, wer du bist. Wenn du wissen willst, wer du sein wirst, dann schau, was du tust.«
>
> *Buddhistische Weisheit*

Erschaffen Sie sich eine Entspannungsinsel

Wenn Sie sich viel zu selten Zeit für Ihre persönliche Entspannung nehmen, fangen Sie heute damit an. Schütten Sie sich Ihre eigene Entspannungsinsel im Stressozean auf. Dorthin können Sie sich auch an anderen Tagen der Woche schnell einmal im Geiste zurückziehen, wenn Sie Kraft tanken wollen.

Zehn kleine Inseln für Ihren Alltag

- Lassen Sie sich ein Bad ein, zünden Sie Kerzen an und legen Sie Ihre Lieblingsmusik auf.
- Gönnen Sie sich zehn Minuten Stille. Ganz ohne Handy, Computer, Fernseher oder andere Lärmquellen. Das funktioniert drinnen oder draußen.
- Beamen Sie sich an Ihren Traumort. Schließen Sie die Augen und stellen Sie sich mit allen Sinnen vor, wie es dort jetzt wäre: Rauscht ein Wasserfall? Duftet es nach Lavendel? Blitzt die Sonne durch Palmwedel?
- Sie kochen gern? Dann suchen Sie sich im Internet oder in einem Buch ein neues Rezept und probieren Sie es heute Abend aus.
- Machen Sie etwas, auf das Sie persönlich in diesem Moment Lust haben – unabhängig davon, ob jemand mitkommen will oder nicht. Gehen Sie ins Museum oder besuchen Sie ein neues Café und lesen Sie dort ein Buch, das schon viel zu lange unberührt auf Ihrem Nachttisch gelegen hat.
- Sie verschenken gern Gutscheine für Massagen, Pediküre und andere Wellness-Behandlungen? Dann buchen Sie jetzt einmal eine Behandlung für sich selbst.
- Beginnen Sie ein Ritual, das Ihnen hilft, immer gelassener zu werden. Vielleicht machen Sie die Eine-Minute-Übung von Seite 51 von nun an dreimal täglich? Morgens, mittags und abends?
- Gibt es ein Hobby, das Ihnen früher viel Spaß bereitet hat, für das Sie aber schon lange keine Zeit mehr hatten? Nehmen Sie sich diese Zeit einfach wieder einmal.
- Lassen Sie sich ganz ohne (Zeit-)Plan in Ihrem Viertel treiben. Sie werden sich wundern, was Sie alles Neues entdecken …

Unterhalten Sie sich mit Ihrem weisen Ich

Sie lesen dieses Kapitel erst am Abend und der Tag ist schon fast vorbei? Dann rufen Sie sich ins Gedächtnis, was heute gut gelaufen ist. Es war bestimmt nicht alles stressig oder gar mies. Wenn Sie feststellen, dass Sie wieder einmal ganz schön negativ über sich selbst gedacht haben, stellen Sie sich vor, Sie wären eine weise, positive und unterstützende Person. Was würde die wohl jetzt zu Ihnen sagen?

Sie können an den vergangenen Stunden nichts mehr ändern. Sie können aber im Hier und Jetzt etwas machen, das Ihnen guttut. Es sollte etwas sein, wodurch Sie sich besser fühlen und den Moment genießen können. Ohne an vorhin oder gleich zu denken. Ohne zu bewerten, ohne zu beurteilen, weder sich selbst noch andere. Einfach nur sein. Auf Ihrer persönlichen, inneren Entspannungsinsel.

- Lassen Sie Ihrer Kreativität freien Lauf. Malen, stricken oder gärtnern Sie. Dafür müssen Sie kein großer Künstler zu sein. Es geht vielmehr darum, dass Sie etwas erschaffen. Ansonsten singen Sie ein Lied.

Sich in Achtsamkeit üben

Vielleicht wollen Sie statt alldem auch lieber eine kleine Achtsamkeitsübung ausprobieren? Dann suchen Sie sich etwas, das Sie während der Woche schnell und eher nebenbei erledigen, um es heute besonders langsam und mit Bedacht zu tun. Vielleicht Ihr Frühstück, Mittag- oder Abendessen? Setzen Sie sich mit Teller und Besteck an einen schönen Ort. Und dann fangen Sie nicht gleich an, sondern halten erst einmal kurz inne. Würdigen Sie Ihr Essen, schließlich soll es Ihren Körper gesund halten.

Legen Sie beim Essen nach jedem Bissen das Besteck weg. Nehmen Sie den nächsten Bissen erst dann in den Mund, wenn Sie in Ruhe gekaut und alles heruntergeschluckt haben. Lassen Sie sich durch nichts ablenken – durch kein Buch, keine Zeitung, kein Handy, keinen Laptop, kein Radio … Lassen Sie es sich stattdessen einmal richtig schmecken. Genießen Sie.

Wie die Buddhisten: Die haben verinnerlicht, präsent zu sein, im Hier und Jetzt zu leben. Und sobald Sie präsent sind, können Sie nicht gestresst sein. Gestresst sind nur diejenigen, die mit den Gedanken in der Vergangenheit oder in der Zukunft sind.

Das Leben besteht aus einer Aneinanderreihung von Augenblicken. Stellen Sie es sich wie eine Perlenkette vor: Jede Perle steht für einen Moment. Sie können zwar mehrere Perlen auf einmal in die Hand nehmen, aber Sie können dann nicht jede einzelne fühlen. Das geht nur, wenn Sie sich auf eine Perle konzentrieren.

Machen Sie sich frei von der Angst, etwas zu verpassen. Leben Sie den Moment. Langsam. Vertrauensvoll. Damit Ihnen Ihr Leben nicht davonläuft.

 **Übung** ## Buddha-to-go

Egal ob Sie gerade auf der Couch sitzen, am Schreibtisch oder in der Bahn: Schließen Sie die Augen und konzentrieren Sie sich auf Ihren Atem. Lassen Sie Geräusche an sich vorbeirauschen, ohne sie zu bewerten. Spüren Sie Ihren Körper. Lassen Sie ihn so, wie er im Moment ist. Gestatten Sie sich, einmal nichts zu verändern. Nichts zu überprüfen. Keine Wertung abzugeben. Einfach nur zu sein. Ich bin. Punkt.

Es kann sein, dass sich Gedanken und Gefühle melden. Lassen Sie alles kommen und gehen, als würden Sie die vorbeiziehenden Wolken beobachten. Kehren Sie zu Ihrer inneren Ruhe zurück, denn die ist da. Sie haben sie einfach nur nicht mehr wahrgenommen.

Gönnen Sie sich fünf Minuten der Stille. Werden Sie mit dieser Übung zu Ihrem eigenen Buddha!

Meine Gedanken

WAS UND WER MICH GENAU IM ALLTAG STRESST

....
....
....
....
....
....

WAS IN MEINEM ALLTAG GUT LÄUFT

....
....
....
....
....
....

EIN VERALLGEMEINERNDER SATZ, DER MIR RAUSGERUTSCHT IST

....

....

....

....

....

WANN ICH MIR ÜBER DIE GEDANKEN ANDERER GEDANKEN MACHE

....

....

....

....

....

FAZIT

Ihre erste Woche im Überblick

Sie haben gelernt,

- was Sie wirklich stresst.
- wieso Sie sich diesen Stress antun.
- nicht nur das Negative zu sehen.
- sich weniger Gedanken darüber zu machen, was andere denken.
- dass Sie Ihre ganz eigene Lebensbalance haben dürfen.
- warum Sie Dinge verallgemeinern.
- wie es sich anfühlt, Gewohnheiten auf den Kopf zu stellen.

In dieser Woche haben Sie einige wichtige Themen in Ihrem Leben näher beleuchtet. Das ist hervorragend. Denn wenn Sie sich nicht näher anschauen, wo genau Sie in die Stressfalle tappen, können Sie nichts verändern. Wahrscheinlich haben Sie auch eines erkannt: Es gibt kein Leben ohne Stress. Und dass dieser zwar oft von äußeren Faktoren ausgelöst wird. Dass wir es aber sind, die ihn durch unsere Gedanken und Gefühle wachsen lassen. Wir entscheiden, ob der Stress ein Bonsai bleibt oder wie ein Mammutbaum in den Himmel schießt. Und Sie werden immer besser erkennen, wie Sie sich selbst Stress machen.

Nur Sie allein können das ändern. Sie wissen nun, worüber Sie sich unnötig Gedanken machen. Sie haben herausgefunden, wie häufig Verallgemeinerungen in Ihrem Wortschatz vorkommen, worüber Sie ständig grübeln, welche Gefahren sich vor Ihrem inneren Auge auftun …

Lassen Sie die Sonne scheinen

Sie bestimmen jeden Tag aufs Neue, wie Sie das Wetter finden. Sie entscheiden, ob es heute grau ist und regnet oder ob für Sie (zumindest innerlich) die Sonne scheint. Sie geben den Ton an in Ihrem Leben. Sie entscheiden: Wollen Sie ein Opfer äußerer Bedingungen sein? Oder wollen Sie aktiv Weichen stellen, um Ihren Kurs zu ändern? Bei allem, was passiert, entscheiden Sie, wie Sie darauf reagieren wollen. Ein Ereignis ist immer neutral. Sie geben Schärfe oder Milde hinzu.

Meine Woche

Nutzen Sie Ihre bisherigen Notizen, um Ihr persönliches Fazit für die erste Woche zu ziehen. Ich habe hier ein paar Fragen für Sie, die Sie beantworten können, wenn Sie wollen. Aber nur kein Stress.

- Womit habe ich mir diese Woche Stress gemacht?

....

....

- Was habe ich losgelassen?

....

....

- Was möchte ich noch verbessern?

....

....

- Welche Übung hat mir besonders gutgetan oder weitergeholfen?

....

....

BEFREIEN SIE SICH VON EMOTIONALEN HINDERNISSEN

In dieser Woche machen Sie eine kleine Zeitreise: Welche Erinnerungen und Erfahrungen aus der Vergangenheit halten Sie davon ab, ein selbstbewusstes und entspanntes Leben zu führen? Wir kommen Ihrem persönlichen Angstmonster auf die Spur und setzen es auf Diät! Außerdem lernen Sie, Ihren Nein-Muskel aufzupumpen.

TAG 1

Kommen Sie Ihrer Angst auf die Schliche

Was Sie damit erreichen? Sie eliminieren einen großen Stressfaktor

Dieser Tag soll Sie dabei unterstützen, Ihre unbewussten Ängste aufzudecken. Denn nur so können Sie sich auch davon befreien. Sie wissen bereits, welche Angst Ihren Stresslevel hochtreibt? Dann nutzen Sie den heutigen Tag dazu, um das zu ändern.

Auf einer privaten Feier lernte ich vor einigen Jahren eine Frau kennen, die 70 Jahre alt war. Sie strahlte bis über beide Ohren, als sie mir erzählte, dass sie sich kürzlich nach 45 Jahren Ehe hatte scheiden lassen. Auf meine Frage nach dem Grund dafür antwortete sie: „Wenn ich ab jetzt auch nur einen Tag in Frieden lebe, hat sich diese Entscheidung gelohnt."

Damit machte sie mich neugierig. Ich hakte nach und die Dame mit dem schneeweißen Kurzhaarschnitt beich-

tete mir, dass ihre Ehe schon seit einer Ewigkeit nicht mehr glücklich gewesen sei. Mehrfach hatte meine Gesprächspartnerin mit dem Gedanken gespielt, sich zu trennen. Doch es tauchten immer wieder Ängste auf: Was würden die Kinder sagen? Könnte sie ihnen das antun? Sie war immer nur Hausfrau gewesen. Würde sie nach der Scheidung auf eigenen Beinen stehen können? Hatte sie als gute Katholikin nicht versprochen, bei ihrem Mann zu bleiben, „bis dass der Tod uns scheidet"? Und überhaupt: Würde sie nach so einer langen Zeit solo zurechtkommen?

Setzen Sie Ihre Angst auf Diät

Angst ist wie ein gefräßiges Monster. Je mehr wir sie mit Schreckensszenarien füttern, desto dicker und größer wird sie. Was hat diese Frau also gemacht? Sie hat ihr Angstmonster auf Diät gesetzt. Und zwar in dem Moment, in dem sie begriff, dass sie sich durch ihre Furcht ein Gefängnis baute, das immer enger wurde. In der winzigen Zelle war zuletzt kein Platz mehr für Lebensfreude.

So wollte die Dame nicht mehr leben – und brach aus. In einem Alter, in dem viele es für unklug halten, und nach einer langen Ehe, die andere unbedingt aufrechterhalten hätten. Ich erinnere mich heute noch an ihren gelösten Gesichtsausdruck und weiß: Es war die richtige Entscheidung.

Aber diese Entscheidung zu treffen, muss man sich erst einmal trauen. Angst ist eine starke Emotion, die evolutionsgeschichtlich eine wichtige Funktion erfüllt: Sie soll uns warnen, wenn irgendwo Gefahr lauert. In unserer westlichen Welt gibt es heutzutage zwar wenig, vor dem wir uns

Info   Angstmacher Ego

Das Ego ist unser innerer Antreiber. Auf der einen Seite ist das natürlich gut, denn das Ego sorgt dafür, dass wir uns vorwärtsbewegen. Geben wir dem Ego aber zu lange die Zügel in die Hand, so wachsen seine Ansprüche. Denn das Motto unseres Egos lautet: „Haben wollen". Und ein wachsendes Ego will immer mehr: einen besseren Job, ein teureres Auto, noch ein Paar Designerschuhe und einen Urlaub, der ausgefallener ist als der letzte.

Das Ego sorgt auch dafür, dass wir es allen recht machen wollen – bis hin zur totalen Erschöpfung. Es schürt die Angst davor, Fehler zu machen – egal ob im Job, in der Liebe oder bei der Kindererziehung. Alles, nur nicht scheitern, bläut uns ein übergroßes Ego ein. Und macht uns so Angst vor jedem neuen Schritt.

Dadurch treffen wir wunderliche Entscheidungen: Wir bleiben bei einem Partner, der uns nicht guttut. In einem Job, der uns in den Wahnsinn treibt. Oder wir versuchen, unsere Kinder zu kleinen Perfektionisten zu erziehen.

 **Übung**   **Fühlen Sie, was Sie denken?**

Nutzen Sie den heutigen Tag, um Ihre Gedanken und Gefühle zu beobachten. Unser Denken läuft synchron zu unseren Gefühlen ab: Wenn Sie eine Tätigkeit mögen, geht es Ihnen auch gut dabei. Vielleicht aber sagen Sie sich zwar: „Ach, ich schaffe das schon." Und gleichzeitig wird Ihnen übel vor Angst? Dieser Zwiespalt löst innerlichen Stress aus. Finden Sie heraus, wann Sie Angst empfinden und notieren Sie das auf der Gedankenseite (Seite 102). Ist das Gefühl berechtigt? Wie wäre es, wenn Sie in dieser Situation andere Reaktionen üben? Mit diesem Satz im Hinterkopf: „Ich habe zwar eine Emotion. Ich kann mich auch dazu entschließen, etwas anderes zu fühlen – und zu denken. Ich bin so viel mehr als meine Angst."

wirklich fürchten müssen: Bei uns herrscht zum Glück weder Krieg noch gibt es wilde Tiere. Und eine Eiszeit droht auch nicht. Trotzdem schlagen Kopf und Körper manchmal Alarm. Die Gründe dafür sind vielfältig. Wir haben Angst vor Veränderung, Ablehnung, vor dem Alleinsein oder davor, nicht mithalten zu können.

Wer oder was löst diese negativen Gedanken aus, die uns so oft das Gefühl geben, ohnmächtig zu sein? Warum halten wir an etwas fest, obwohl es sich längst nicht mehr lohnt?

Häufig steckt unser Ego dahinter, das uns einredet, dass unser Lebensglück irgendwo außerhalb unseres Körpers läge. Dass es von Faktoren abhinge, die wir nicht beeinflussen können. Dabei liegt das Gefühl von Sicherheit und Zufriedenheit immer in uns selbst. Geht es Ihnen ähnlich? Suchen Sie auch in der Außenwelt nach Glücksfaktoren? Und wollen Sie diesen Egotrip stoppen? Dann nehmen Sie wieder selbst die Zügel in die Hand. Machen Sie sich bewusst, dass Sie es sind, die eine Person oder eine Situation angst-

Trick   Stehen Sie ein zweites Mal auf

Sie sind mit dem falschen Bein aufgestanden? Schon beim Zähneputzen steht Ihnen die schlechte Laune ins Gesicht geschrieben? Dann wagen Sie einfach einen Neustart – sofern es Ihr Zeitplan zulässt: Kuscheln Sie sich noch einmal kurz ins Bett und stehen Sie erneut auf. Dieses Mal ganz bewusst mit einem positiven Gedanken. Und schauen Sie dann, wie der Tag wirklich wird.

Sie dürfen auch morgens einmal so richtig schlechte Laune haben, wenn Sie unbedingt wollen. Sagen Sie zu sich: „Der ganze Tag wird schlecht. Wenn er jetzt schon so losgeht, kann es nur schlimmer werden." Vielleicht müssen Sie bei so einer Übertreibung wenigstens ein kleines bisschen schmunzeln. Und schon ist der Tag gar nicht mehr so furchtbar schlecht …

voll betrachtet. Auch wenn es dafür gar keinen rationalen Grund gibt. Es gibt Ängste, die wir uns über Jahre regelrecht antrainiert haben. Viele davon bestimmen unbewusst unseren Alltag. Angst und Liebe sind die beiden Ur-Emotionen, in denen alles begründet ist. In Ihrer Welt und in meiner. Wir wachen jeden Tag auf und starten mit einer dieser beiden Emotionen in den Tag. So entscheiden wir, ob der Tag gut oder schlecht wird.
Stellen Sie sich vor, Sie würden sich öfter für die Liebe entscheiden – auch zu

sich selbst. Sie müssen sich nicht schämen, wenn Sie erkennen, dass etwas vorbei ist. Egal ob es sich dabei um eine Freundschaft, eine Beziehung oder einen ganzen Lebensabschnitt handelt. Im Gegenteil: Seien Sie stolz darauf, dass Sie wieder auf sich vertrauen. Mit jedem ungeliebten Teil Ihres Lebens, unter den Sie einen Schlussstrich ziehen, wird es Ihnen besser gehen.

»Man hat nur Angst, wenn man mit sich selber nicht einig ist.«
Hermann Hesse

TAG 2

Sagen Sie Ja zum Nein

Was Sie damit erreichen? Sie fühlen sich befreit

Wer zu anderen Nein sagt, ist nicht automatisch ein Egoist. Im Folgenden finden Sie heraus, wie Sie sich wieder mehr für sich selbst einsetzen.

Wie oft sagen Sie Ja zu etwas, obwohl Sie es eigentlich gar nicht wollen? Vielleicht steckt die Angst dahinter, nicht mehr gemocht zu werden. Gefeuert zu werden. Treibt Sie der Gedanke um, man könnte ohne Sie auskommen, wenn Sie Nein sagen? Oder haben Sie Sorge, etwas zu versäumen?

Nein zu sagen, kostet oft eine immense Überwindung. Aber dieses kleine Wort spielt eine große Rolle dabei, Hektik aus dem Alltag zu eliminieren. Jasager laden den Stress immer wieder mit offenen Armen ein: Sie übernehmen Projekte, die sie eigentlich nicht mehr bewältigen können. Sie erledigen zeitaufwendige Aufgaben, die ihnen keinerlei Spaß bereiten. Oder packen sich die Freizeit mit Aktivitäten voll, die nicht erholsam, sondern total ermüdend sind.

Sie kennen dieses Verhalten nur zu gut von sich selbst? Wie wäre es, wenn Sie sich zu Hause gut sichtbar einen Zettel aufhängen, auf dem Folgendes steht:

Das erlaube ich mir:

- Ich darf auch Nein sagen.
- Bevor ich Ja sage, achte ich auf mein Bauchgefühl.
- Ich lasse mir Zeit, über Anfragen ausreichend nachzudenken.
- Ich entscheide frei von Angst, Ja oder Nein zu sagen.
- Ich sage immer öfter Ja – zu mir.

Kleben Sie den Zettel an den Kühlschrank, den Badezimmerspiegel oder den Kleiderschrank. Stecken Sie ihn ins Portemonnaie oder heften Sie ihn ans Armaturenbrett Ihres Autos. Wichtig ist, dass die Sätze präsent sind – und damit der Gedanke daran, sich selbst guten Gewissens ein Stück näher zu sein als anderen. Erlauben Sie es sich.

Sie sind kein Egoist

Denken Sie, dass ein solches Verhalten egoistisch ist? Dann vergessen Sie diesen Gedanken bitte sofort. In meinen Augen sind Sie nämlich sehr weise, wenn Sie auch mal Nein sagen. Reiner Egoismus ist rücksichtslos. Und das hat damit, worüber wir hier sprechen, überhaupt nichts zu tun. Bedenken Sie: Mit jedem Ja zu etwas, das Sie nicht (mehr) wollen, sagen Sie automatisch Nein zu sich selbst. Damit handeln Sie gegen Ihre eigenen Bedürfnisse. Aber wie genau sehen Ihre Bedürfnisse aus? Sie sind sich nicht sicher, weil Sie das

Gefühl dafür verloren haben? Dann wird es Zeit, es wieder zu erwecken. So lange Sie nicht wissen, was Sie wollen, können Sie nicht Ja zu sich selbst sagen.

Sie können anstatt von einem Bedürfnis auch von Bedarf sprechen. Darin steckt das Wort „darf". Was dürfen Sie sich erlauben? Und was würde passieren, wenn Sie genau das auch tun? Wirklich das, was Sie befürchten?
Sie dürfen Ihre eigenen Bedürfnisse genauso schätzen wie die Ihrer Familie, Ihrer Freunde oder Ihres Chefs. Sie dürfen sich erlauben, auf Ihre Grenzen zu

 **Trick** ## Nein ist ein ganzer Satz

Wir sind es gewohnt, unser Handeln durch Begründungen zu untermauern. Einem Nein folgen in der Regel Erklärungen wie „Ich würde gern, aber …" oder „Ich muss nämlich noch …". Ich kann verstehen, wenn Sie sich noch schwer damit tun, einfach Nein zu sagen, ohne eine Erklärung dafür anzuhängen. Je mehr Begründungen Sie jedoch geben, desto mehr Möglichkeiten hat Ihr Gegenüber, diese zu widerlegen. Versuchen Sie es daher weiter und denken Sie immer daran: Nein ist ein ganzer Satz.

achten – sowohl körperlich als auch emotional. Denn Sie sind ein wichtiges Mitglied dieser Gesellschaft. Sie werden gebraucht. Und zwar gesund, gut gelaunt und entspannt. Nicht krank, deprimiert und gestresst.

> **»Das Wort Nein auszusprechen, ist der erste Schritt zur Freiheit.«**
> *Nicolas Chamfort*

Gruselige Kindheits-erinnerung

Woher kommt eigentlich die stark verbreitete Scheu, Nein zu sagen? Wieder einmal aus der Kindheit, als wir in der Trotzphase damit angefangen haben. Je nachdem wie unsere Umwelt damals mit unserem Nein umging, haben wir ein dazugehöriges Gefühl abgespeichert. Bei chronischen Jasagern ist es negativ. Es wird hervorgerufen von Warnungen oder unglücklichen Formulierungen wie:

- Ich finde es ganz schön egoistisch von dir, dass du mir nicht helfen möchtest.

- Du wirst schon sehen, was du davon hast.
- Da wirst du aber echt was verpassen.
- Wenn du immer Nein zu allem sagst, musst du dich nicht wundern, wenn dich keiner mag.
- Wenn du das nicht tust, dann …
- Dann mache ich es halt wieder einmal allein.

Solche Sätze impfen uns ein Schuldgefühl bei jedem Nein ein. Versuchen Sie, sich von Ereignissen aus der Vergangenheit zu lösen, bei denen auf ein Nein eine negative Reaktion folgte. Denn diese Erinnerungen halten Sie in der Angstfalle gefangen. Ein selbstbewusstes Nein kann Ihnen dagegen helfen, Ihr Leben erfolgreicher zu leben. Und damit meine ich nicht unbedingt den beruflichen Erfolg, sondern Ihren ganz persönlichen Lebenserfolg.

Sie werden erleben, dass viele Ihrer Befürchtungen gar nicht gerechtfertigt sind. Und dass Sie mit Konfliktsituationen viel besser umgehen können als gedacht. Handeln Sie nicht aus der Angst heraus, dass etwas Bestimmtes passieren könnte. Handeln Sie aus Liebe zu sich selbst. Dann können

Übung

Pumpen Sie den Nein-Muskel auf

Nein sagen lässt sich trainieren – wie ein Muskel, der mit jeder Wiederholung stärker wird. Wenn Ihnen das nächste Mal alles über den Kopf wächst und Aufgaben verteilt werden, für die Sie keine Zeit haben, wiederholen Sie im Kopf: „Jetzt nicht, ich nicht, mehr nicht." Diese leisen Wiederholungen motivieren Sie, laut Nein zu sagen. Vielleicht wollen Sie gleich heute mit der ersten Nein-Trainingseinheit beginnen? Suchen Sie sich aus den folgenden Sätzen einen heraus, der Ihnen gefällt und mit dem Sie sich wohlfühlen. Wenden Sie ihn im Laufe des Tages an.

- Danke für dein Vertrauen in mich, aber ich möchte nicht.
- Ich bin mir bewusst, dass du meine Hilfe brauchst, aber ich kann das derzeit nicht tun.
- Ich kann nicht mehr für dich tun. Aber ich weiß, wer dir weiterhelfen kann.
- Es ist sehr freundlich, dass du fragst, aber ich möchte das lieber nicht.
- Danke, aber ich habe schon etwas anderes vor.

Notieren Sie auf der Gedankenseite (Seite 102) oder auf einem Block gern Ihre eigenen, ganz persönlichen Nein-Sätze hinzu.

Ihnen stressige Situationen bei Weitem nicht mehr so viel anhaben.
Es geht übrigens nicht darum, ab sofort zu allem und jedem Nein zu sagen. Aber Sie erleichtern sich Ihr Leben ungemein, wenn Sie Dinge, die Ihnen nichts als Stress bereiten, abblocken. Machen Sie sich der Konsequenzen

Ihres Handelns bewusst: Was ist in der Vergangenheit passiert, wenn Sie Ja gesagt haben, obwohl jede Faser Ihres Körpers Nein rief? Zu was haben Ihre halb- oder viertelherzigen Zusagen geführt? Haben sich dadurch Ihre Hoffnungen erfüllt? Sind Sie glücklicher, beliebter, zufriedener? Ich bezweifle es.

TAG 3

Werden Sie Altlasten im Kopf los

Was Sie damit erreichen? Es fällt Ihnen leichter, neue Wege einzuschlagen

Heute lesen Sie, warum in unserem Kopf zahlreiche Verhinderer aus der Vergangenheit sitzen, die wir ganz dringend loswerden müssen, wenn wir entspannter leben möchten.

Wie sieht es mit Ihrer Grundeinstellung zum Leben aus? Ist sie eher positiv oder negativ? Glauben Sie im Großen und Ganzen daran, dass Sie in dieser Welt zurechtkommen und dass Sie von Ihren Mitmenschen gemocht werden? Oder haben Sie eher das Gefühl, ständig gegen Hürden und Hagelstürme ankämpfen zu müssen? Dass man es Ihnen immer schwer macht?

Jeder Einzelne von uns hat seine persönliche Einstellung zu sich selbst und zur Welt. Und diese Einstellung hat sich maßgeblich aus den Glaubenssätzen entwickelt, die uns seit unserer Kindheit begleiten.

Haben Sie Stressmacher-Glaubenssätze?

Ich bin jemand, der meistens positiv denkt. Trotzdem musste auch ich entdecken, dass ich negative Glaubenssätze in mir trug, die mir gar nicht bewusst waren. Und die machten mir vor ein paar Jahren auf einmal ganz schön Stress. Ich hatte mich gerade als Coach selbstständig gemacht und einen Monat später traf sie mich plötzlich: die Existenzangst. Ich erkannte mich selbst kaum wieder. Ich lag am helllichten Tag wie gelähmt auf dem Bett und ein Gedanke lief in Endlosschleife: „Ich schaffe das nicht."

Trifft die Existenzangst alle, die einen Neuanfang wagen? Keineswegs. Ich kenne viele Menschen, die sich um ihren Erfolg keine Sorgen machen. Was unterschied mich also von ihnen? War ich generell negativ eingestellt, was meine berufliche Entscheidung anging? Ganz im Gegenteil: Ich war heilfroh, endlich selbst über meine Arbeitszeit und das Arbeitspensum bestimmen zu können.

Freunde versuchten, mich zu trösten. Sie sagten: „Ach, du machst das schon." Oder: „Schau einfach positiv in die Zukunft." Aber das brachte mich damals gar nicht weiter. Was mir dagegen wirklich geholfen hat: Ich ging meiner Angst auf den Grund. Und das machte ich schrittweise, indem ich mir drei Fragen beantwortete.

Frage 1: Wovor habe ich Angst?

Ich schrieb meinen Befürchtungen auf. Als ich sie schwarz auf weiß vor Augen hatte, stellte ich fest, dass sie alle ums Thema Geld kreisten. Ich sah mich insgeheim schon unter einer Brücke schlafen und mit anderen Obdachlosen um eine Decke streiten.

Frage 2: Woher kommt meine Angst?

Ich machte mir Gedanken, wie in meiner Kindheit über Geld geredet wurde. Ich würde sagen, ich komme aus einem gutbürgerlichen Elternhaus. Meine Mutter und mein Vater haben immer hart gearbeitet, deswegen konnten wir jedes Jahr in den Urlaub fahren und hatten genug Geld für Lebensmittel und Kleidung. Sie hielten ihr Geld zusammen und trichterten meinen Ge-

Info

Was sind Glaubenssätze?

Glaubenssätze sind persönliche Richtlinien und tief verankerte Überzeugungen, nach denen wir handeln. „Die Welt ist gut" ist zum Beispiel so ein Glaubenssatz, genauso wie „Nur die Harten kommen in den Garten" oder „Ich bin meines Glückes Schmied". Wir übernehmen diese Glaubenssätze von Bezugspersonen und überprüfen sie selten, sobald sie einmal zu unserem festen Weltbild gehören.

schwistern und mir ein, bloß nicht verschwenderisch zu sein. Meine Mutter notierte jeden Pfennig, den sie ausgab. Bestimmt eine lobenswerte Eigenschaft, wenn man einen fünfköpfigen Haushalt mit zahlreichen Haustieren in Schach halten muss. Aber eher kontraproduktiv, wenn es darum ging, meinen Glauben an Geld zu stärken.

Übung   Verbrennen Sie Vergangenes

Stellen Sie sich die drei Fragen auf dieser und der vorhergehenden Seite und finden Sie Ihre Stressmacher-Glaubenssätze heraus. Und dann nehmen Sie ihnen die Kraft. Es gibt ein wirkungsvolles Ritual, das auch mir dabei geholfen hat: Ich habe damals den Zettel mit meinen negativen Glaubenssätzen zum Thema Geld verbrannt und die Asche in einem See verstreut (alternativ dürfen Sie Ihren Zettel auch in tausend Stücke reißen). So konnte ich mich von meinen alten Glaubenssätzen verabschieden und bessere, positivere gestalten. Einer davon lautet: „Ich zahle jede meiner Rechnungen mit Freude und Leichtigkeit." Meine Einstellung zu Geld hat sich inzwischen entscheidend geändert.

Frage 3: Welche Angstmacher-Glaubenssätze verstecken sich in mir?

Zum Schluss notierte ich alle Glaubenssätze, die ich zum Thema Geld verinnerlicht hatte. Ich erinnerte mich an einige Sätze, die noch von meinen Eltern stammten:

- Wer Geld verdienen will, muss hart arbeiten.
- Mach alles selbst, dann musst du nicht Danke sagen.
- Das Geld wächst nicht auf Bäumen.

Mit großen Augen schaute ich auf den Zettel und sah, was jahrelang unbewusst in mir geschlummert hatte.

Ich begann damit, neue Glaubenssätze zum Thema Geld zu formulieren. Sie waren zwar nicht von Anfang an das Gegenteil der alten. Aber ich habe sie mit der Zeit stetig umgewandelt – bis ich mich mit ihnen wohlfühlte. Es geht nämlich nicht nur darum, dass man positiv denkt und das auch den ganzen Tag vor sich hersagt. Es ist wichtig, was man tief im Inneren zu diesem Gedanken fühlt. Es bringt nichts, wenn man sich einredet, dass das Geld zum Leben reicht, während einem der Kontostand im nächsten Moment Magenschmerzen bereitet.

Bauen Sie sich positive Gedanken-Autobahnen

Wenn sich starke Gedanken mit intensiven Gefühlen verbinden, hinterlassen sie in unserem Gehirn Nervenwege, die durch Wiederholung immer breiter werden. Aus einem schmalen Feldweg wird so mit der Zeit eine fünfspurige Autobahn. Je seltener wir negative Gedanken jedoch wiederholen, desto weniger wird diese Autobahn befahren. Durch positive Gedanken und Gefühle lassen sich neue Wege anlegen, die unser Gehirn stattdessen benutzt. Das sind doch gute Aussichten, oder? Vielleicht huscht gerade ein negativer Glaubenssatz durch Ihren Kopf, der ungefähr so lautet: „Aber das schaffe ich nicht. Ich habe keine Disziplin." Lassen Sie mich dazu eine kleine Geschichte erzählen: Vor einigen Wochen traf ich eine Bekannte, die gern regelmäßig meditieren würde, dazu aber nach einiger Aussage zu undiszipliniert sei. Auf meine Frage, ob sie regelmäßig zum Yoga gehe, antwortete sie mit einem klaren Ja. Sie besaß also sehr wohl Disziplin. Diese reichte nur noch nicht für die Meditation aus.

Waren Sie bisher vielleicht manchmal undiszipliniert? Haben Sie neue Wege schon nach kurzer Zeit wieder verlassen, um in alte Muster zu verfallen? Das heißt nicht, dass Sie sich nicht ändern können. Sobald Sie sich dafür entscheiden, Ihr Leben dauerhaft zu entschleunigen, werden Sie so diszipliniert, wie Sie es noch niemals waren. Das verspreche ich Ihnen.

Trick

Nicht gleich an die Decke gehen

Fällt es Ihnen noch schwer, regelmäßig positiv zu denken und auch so zu fühlen? Wie wäre es, wenn Sie zunächst einmal weniger urteilen? Weder negativ noch positiv. Auch dadurch können Sie alte Nervenwege nach und nach lösen. Treten Sie dafür in herausfordernden Situationen innerlich einen Schritt zurück, atmen Sie tief durch und sagen Sie sich: „Das beurteile ich erst später."

TAG 4

Formulieren Sie negative Glaubenssätze um

Was Sie damit erreichen? Sie entwickeln mehr Selbstbewusstsein

In diesem Kapitel finden Sie heraus, mit welchen einfachen Methoden Sie hinderliche Glaubenssätze in helfende verwandeln können.

Wie ist es Ihnen gestern ergangen? Konnten Sie bereits einige Ihrer negativen Glaubenssätze ausfindig machen? Oder fiel Ihnen diese Übung schwer? Das wäre nicht verwunderlich, weil sich Stressmacher-Glaubenssätze oft unbewusst einschleichen. Wenn Sie Lust haben, ziehen Sie daher Ihre Familie oder Freunde zu Rat. So erfahren Sie schnell, welche negativen Formulierungen Ihnen schon öfter einmal herausgerutscht sind, ohne dass Sie es gemerkt haben.

⏺ Nehmen Sie sich fünf Minuten Zeit, um mit mir Ihre hinderlichen Glaubenssätze aufzudecken.

Warum es so bequem ist, ein Versager zu sein

Nachdem Sie Ihre Angstmacher-Glaubenssätze herausgefiltert haben, nehmen Sie sie zunächst einmal an. Ärgern Sie sich nicht darüber, denn schließlich haben Ihnen diese Sätze in der Vergangenheit immer wieder einmal auch schon hilfreich zur Seite gestanden. Ansonsten hätten Sie sie nicht. Vielleicht fragen Sie sich jetzt, wie negative Sätze Ihnen helfen sollen. Ganz einfach: Es gibt zum Beispiel Menschen, die sich selbst als Versager beschimpfen. Dadurch machen sie sich ganz schön runter. Es ist aber auch eine Art Schutzmechanismus: Denn als Versager muss man sich natürlich auch nichts trauen. Man muss nichts riskieren, nichts Neues anfangen – schließlich wird es sowieso in die Hose gehen. Eine ziemlich bequeme Situation.

> »Es ist ein großer Unterschied zwischen Denken, was andere gedacht haben, und Sagen, was andere gesagt haben, und zwischen Selbstdenken und Selbstsagen.«
>
> *Karl von Eckartshausen*

Rutscht Ihnen so was öfter raus?

Hier sind einige Paradebeispiele für Angstmacher-Glaubenssätze. Vielleicht helfen sie Ihnen dabei, Ihre eigenen zu entlarven:

- Ich bin nicht liebenswert.
- Ich muss perfekt sein, um geliebt zu werden.
- Ich bin ein Versager.
- Ich werde niemals richtig erfolgreich sein.
- Ich bin einfach nicht gut/schön/schlau genug.
- Ich könnte scheitern, also versuche ich es lieber gar nicht erst.
- Ich bin zu alt, um noch einmal neu anzufangen.
- Ich kann nichts ändern, denn es war schon immer so.
- Allen anderen steht es zu, glücklich zu sein, mir aber nicht.
- Ich kann nichts.
- Ich kann mich abmühen, wie ich will, mir gelingt nie etwas.
- Ich habe Angst vor Veränderung.

Neue Glaubenssätze verinnerlichen

Sie können sich Stück für Stück von Ihren alten Glaubenssätzen lösen, indem Sie Ihrem Unterbewussten andere und für sich bessere Varianten anbieten. Machen Sie sich auf die Suche nach neuen, positiven Glaubenssätzen und legen Sie neue Nervenwege an. Wenn ich einen neuen Glaubenssatz habe, trage ich ihn zum Beispiel auf einem Zettel immer bei mir. So kann ich ihn zwischendurch herausholen und mir ins Gedächtnis rufen. Mittlerweile kann man mich nachts wecken und nach meinem liebsten Glaubenssatz fragen. Ich sage ihn dann wie aus der Pistole geschossen auf. Er lautet: „Ich erwarte das Beste und bekomme es auch."
Ihre neuen Glaubenssätze sollten nach Möglichkeit folgende Wortwendungen enthalten:

- Ich erlaube mir, …
- Mir fällt es leichter und leichter, …
- Je mehr ich …, umso mehr …
- Es ist ganz einfach, …

- Es ist für mich immer besser, …
- Ich mache mir mein Leben immer …
- Ich darf …
- Es ist gut für mich zu wissen, dass…
- Es geht mir von Tag zu Tag …
- Ich freue mich darüber, dass …
- Ich verdiene es, dass …
- Ich bin es wert, dass …
- Ich löse mich nach und nach von …
- Ich vertraue …
- Ich weiß, dass ich …

Solche Formulierungen enthalten Sprachmuster, die auf Ihr Unterbewusstsein einwirken. Nutzen Sie sie.

 **Übung** ## Aus Alt mach Neu

Ihre Glaubenssätze sind nicht in Stein gemeißelt und dürfen immer mal wieder auf ihre Richtigkeit und ihren Mehrwert überprüft werden. Machen Sie das einfach einmal. Gibt es Sätze, die Ihnen auch in Zukunft hilfreich zur Seite stehen sollen? Und solche, die Sie nicht mehr verwenden wollen? Schreiben Sie diejenigen Glaubenssätze auf die Gedankenseite (Seite 103), die Ihre Lebensqualität einschränken. Formulieren Sie sie anschließend so um, dass daraus unterstützende Sätze entstehen. Aus

„Ich kann nichts" wird zum Beispiel „Ich traue mir jeden Tag mehr zu". Diese neuen Glaubenssätze können Sie gleich auf der nächsten Seite dieses Buchs festhalten – vielleicht zuerst mit einem Bleistift, damit Sie sie im Laufe der nächsten Woche weiter verändern und verfeinern können. Auch ich habe meine Glaubenssätze in den letzten Jahren immer wieder einmal laut oder im Geist vor mir hergesagt. Nur so bekam ich ein Gespür dafür, welche Wörter oder Formulierungen mir zusagten.

Meine neuen Glaubenssätze

Hier haben Sie Platz, Ihre neuen Glaubenssätze zu formulieren. Am besten füllen Sie die Liste mit einem Bleistift aus, bis Sie die Worte gefunden haben, die Sie wirklich von Herzen ansprechen.

1.

2.

3.

4.

5.

6.

7.

8.

9.

10.

TAG 5
Entlarven Sie Ihre Zeitkiller

Was Sie damit erreichen? Sie spüren wieder, was Ihnen wichtig ist

„Ich habe keine Zeit": Gehört dieser Satz zu Ihrem Standardrepertoire? Dann erfahren Sie heute, wie Sie mehr Platz in Ihrem Alltag schaffen und auf welche Organisationslüge Sie nicht hereinfallen sollten.

In den letzten Tagen haben wir negative Glaubenssätze abgewandelt. Jetzt geht es weiteren Stressmachern an den Kragen: den Zeitkillern. Obwohl uns allen jeden Tag dieselbe Stundenzahl zur Verfügung steht, jammern immer mehr Menschen über Stress. Ein typisches Symptom der Gesellschaft, in der wir leben, denn Leistung steht an erster Stelle. Schon Berufsanfänger müssen Praktika, Fortbildungen und Auslandsaufenthalte vorweisen, um mithalten zu können. Der Wettbewerb geht sogar viel früher los, weil Mama und Papa heutzutage das Gefühl haben, ihrem Kind möglichst früh möglichst viel bieten zu müssen. Mehr ist mehr. In meinen Augen stimmt das nicht. Je mehr wir uns aufladen und versuchen, gleichzeitig zu erledigen, desto mehr verzetteln wir uns oder machen Fehler. Und desto mehr verlieren wir uns auch selbst. Ich persönlich kann mich nur auf eine Aufgabe voll und ganz konzentrieren. Das merke ich zum Beispiel, wenn ich bügele und dabei einen Film gucke. Entweder bekomme ich die Handlung nicht richtig mit oder meine Blusen haben nachher Falten. Daher mache ich lieber eins nach dem anderen.

Wo können Sie Zeit dazugewinnen?

Lassen Sie doch einmal typische Tage, Abende, Wochen und Monate vor Ihrem geistigen Auge Revue passieren. Wo können Sie Abläufe optimieren oder Aufgaben reduzieren?

Oft gehen Minuten und Stunden verloren, ohne dass Sie es merken. Einfach weil sich im Laufe der Zeit neue Aufgaben zu den alten gesellt haben. Erledigen Sie vielleicht einiges separat, was sich zeitsparend bündeln ließe?

 **Info** ## Dieses Zauberwort ist ein Zeitkiller

Multitasking gilt heute als erstrebenswert. Dabei haben Neurowissenschaftler schon lange herausgefunden, dass sich das Gehirn nur auf eine, maximal zwei Aufgaben gleichzeitig konzentrieren kann – und zwar völlig unabhängig davon, welchen Intelligenzquotienten eine Testperson hat.

Zahlreiche Studien ergaben, dass man durch Multitasking weder effizienter noch leistungsfähiger wird. Im Gegenteil: Wer mehrere Aufgaben gleichzeitig erledigt, verliert den Überblick und benötigt mehr Zeit. Das setzt eine Stressreaktion in Gang: Man gerät unter Druck und das verringert die Gehirnleistung.

Entlarven Sie Stressfallen

Mit Multitasking hätten wir schon einmal einen weitverbreiteten Zeiträuber enttarnt. Welche gibt es noch in Ihrem Berufs- und Privatleben? Hier sind einige Beispiele – kennen Sie die auch aus Ihrem Alltag?

Job
- Ausufernde Geschäftsmeetings
- Unklare Zielvorgaben
- Mangelnde Organisation
- Fehlende Rückmeldungen
- Konflikte
- Unordnung
- Hektik

Privat
- Perfektionismus
- Ablenkungen durch soziale Netzwerke oder E-Mails
- „Aufschieberitis"
- Fehlende Prioritäten
- Streit
- Fernsehen
- Freizeit-Planwut

Immer wieder diese Angst

Wie würde es sich anfühlen, wenn Sie sich Zeitfenster schaffen würden, in denen Sie sich nur einer Hauptaufgabe widmen und alles andere auf einen anderen Zeitpunkt verschieben?

Eine Klientin von mir ließ früher beim Skypen immer ihr E-Mail-Fenster auf. Sie wollte im Auge behalten, ob neue Nachrichten reinkamen. Sie können sich vorstellen, was passierte: Einerseits wirkte sie ihrem Gesprächspartner gegenüber abwesend, weil sie ständig auf ihre E-Mails schielte. Andererseits setzte sie sich durch ihre Angst, sie könne auch nur eine Nachricht verpassen, unbewusst unter Stress. Dabei hätte sie ihre Post ganz bequem später lesen können. Heute macht sie das so. Und es geht ihr gut.

Sie sind nicht dazu verpflichtet, etwas zu tun, das Sie nicht leisten können. Auch dadurch entsteht nämlich dieser dauernde Zeitmangel: Viele Menschen

Trick · Technik-Detox

Überlegen Sie einmal: Wann ist Ihnen das letzte Mal ein Tag so richtig schön lang vorgekommen? War es vielleicht im Urlaub? Als Sie am Strand lagen, durch die Natur wanderten oder mit dem Paddelboot auf einem See herumschipperten? Wenn man genau hinschaut, fühlen sich immer diejenigen Tage am längsten an, die wir ohne moderne Technik verbringen. Aber genau das fällt uns heutzutage verdammt schwer. „Binge Watching" (mehrere Folgen einer Fernsehserie am Stück schauen) liegt im Trend. Ohne Facebook ist man nicht up to date. Und mit dem Handy werden sogar noch im Kino Selfies gemacht.

Wie wäre es mit Technik-Detox? Bündeln Sie Telefonate auf eine bestimmte Uhrzeit und schalten Sie zwischendurch Ihr Handy komplett aus – genauso wie den Fernseher. Grenzen Sie die Zeit ein, die Sie online verbringen. Dafür gibt es sogar Apps, die Ihren Online-Zugang kappen, sobald der gewählte Zeitrahmen überschritten ist.

 **Übung** ## Das Zeit-Experiment

In meiner Praxis höre ich oft solche Sätze wie diesen: „Wenn ich doch nur zwei Stunden mehr Zeit hätte, dann …" Ja, was genau wäre denn dann? Stellen Sie sich einmal vor, Ihr Tag hätte nicht 24, sondern 26 Stunden. Was würden Sie sich in dieser geschenkten Zeit Gutes tun? Und dann fragen Sie sich: Warum mache ich genau das nicht jetzt schon – zumindest in einer leichteren, abgespeckten Version?

Zweiter Teil der Übung: Überlegen Sie, wie Ihr Tag aussehen würde, wenn Ihnen statt 24 Stunden nur 22 Stunden zur Verfügung stünden. Was würden Sie dann auf Ihrer To-do-Liste streichen, weil es doch nicht so wichtig ist, wie Sie dachten? Und: Wie würde es sich anfühlen, wenn Sie diese Dinge jetzt einfach streichen? Halten Sie das Ergebnis Ihres Experiments auf der Gedankenseite (Seite 103) fest.

trauen sich nicht, sich selbst einzugestehen, dass sie etwas nicht können – oder schaffen. Sie trauen sich auch nicht, das so nach außen zu kommunizieren. Und warum? Wieder einmal aus Angst.

Dabei ist es nicht schlimm, wenn Sie feststellen, dass Sie etwas nicht können. Stellen Sie sich vor, wie es wäre, wenn Sie es sein ließen: Sie würden nicht mehr schwitzen und sich verzetteln – und hätten plötzlich Zeit für etwas, das Ihnen wirklich Spaß bereitet.

Aber auch wenn ich Ihnen hier viele Anregungen gebe: Setzen Sie sich bitte nicht zu sehr unter Druck. Unser aller Leben ist ein Prozess. Manchmal haben wir vielleicht das Gefühl, dass gar nichts vorwärtsgeht. Oder dass wir sogar drei Schritte zurückmachen. Betrachten Sie jede Erfahrung als Bereicherung. Vertrauen Sie sich selbst, vertrauen Sie auf Ihren Lebensweg. Wir alle erleben Höhen und Tiefen. Wir sind mal mehr und mal weniger erfolgreich. Niemand ist vollkommen.

TAG 6
Lernen Sie loszulassen

Was Sie damit erreichen? Sie legen einen wichtigen Schalter um

Immer wieder heißt es: „Lass doch einfach los." Doch genau das fällt vielen Menschen unheimlich schwer. Heute möchte ich Ihnen erklären, warum Loslassen so wichtig ist – und wie es einfacher wird.

Jede Veränderung setzt etwas bei uns in Gang. Das Blöde an der Veränderung ist nur, dass sie uns nicht fragt, ob wir sie wollen. Außerdem wissen wir vorher nicht, was sich da in Gang setzen wird. Und genau das ist es auch, was uns so viel Angst macht.

Was könnte sich bei Ihnen alles verändern? Zum Beispiel Ihr Beziehungsstatus. Ihr Familienleben. Ihr Arbeitsplatz. Ihre Freundschaften … Gestern war noch alles in bester Ordnung, heute ist alles anders. Von jetzt auf gleich. Oder doch schon länger angekündigt, aber für Sie trotzdem urplötzlich, weil Sie die Anzeichen vor dem Sturm konsequent ignoriert haben? Plötzlich ist die Veränderung da und mit ihr der Druck. Sie wissen nicht, was Sie tun sollen, und halten daher krampfhaft an alten Verhaltensweisen fest, für die es eigentlich keine Berechtigung mehr gibt. Das kann ganz schön stressen.

Was passiert eigentlich beim Loslassen?

Sehen Sie das Loslassen als Verlust? Dann dürfen Sie diese Einstellung ändern. Denn Sie behalten ja Ihre positiven Erinnerungen.

Loslassen ist ein Akzeptieren. Sie dürfen annehmen, dass jeder Mensch seinen eigenen Weg geht, egal wie jung oder alt er auch sein mag. Sie dürfen akzeptieren, dass es keine Garantie und Sicherheit im Leben gibt. Die einzige Person, die Ihnen Sicherheit geben kann, sind Sie selbst.

> »Das Leben gehört dem Lebendigen an und wer lebt, muss auf Wechsel gefasst sein.«
> *Johann Wolfgang von Goethe*

 **Trick** ## Einen Moment durchatmen

Es gibt wahrscheinlich Situationen, in denen Sie überwältigt sind von Veränderungen, die in Ihrem Leben passieren. Gerade dann ist es wichtig, zwischendurch zur Ruhe zu kommen. Und tief durchzuatmen. Entspannen Sie sich eine Minute lang – egal ob im Sitzen oder Stehen. Ob auf dem Bürostuhl oder in der U-Bahn. Atmen Sie ganz entspannt ein und aus. Bei jedem Einatmen sagen Sie sich im Kopf die Silbe „los", beim Ausatmen „lassen". Das hilft Ihnen bei dem Prozess, Dinge hinzunehmen, statt panisch zu reagieren.

Veränderungen sind nicht immer toll. Auch ich habe schon sehr traurige Überraschungen erlebt. Vor einigen Jahren zum Beispiel starben innerhalb von sechs Monaten zwei für mich sehr wichtige und wertvolle Menschen. Viele können oder wollen den Tod einer geliebten Person nicht akzeptieren. Aber dieses Festhalten an früher, an das Leben vor der Veränderung kostet so viel Kraft, dass von einem selbst irgendwann nichts mehr übrig bleibt. Mir wäre es beinahe genauso ergangen. Bis mir eines klar wurde: Um weiterzuleben, muss ich akzeptieren, dass diese beiden Menschen nicht mehr da sind. Bis dahin hatte ich das Thema Tod gedanklich immer zur Seite geschoben. Denn es machte mir große Angst. Durch diese Schicksalsschläge jedoch musste ich mich damit befassen. Und spürte so das erste Mal hautnah, dass der Tod unweigerlich zum Leben dazugehört.

Es war wichtig, dass ich mir meiner Angst bewusst wurde. Denn auf diese Weise fand ich heraus, warum ich gern für so viele und vieles die Verantwortung übernahm, auch wenn es gar nicht meine Aufgabe war. Ich gab mich der Illusion hin, alles in der Hand zu haben. Und wenn ich alles in der Hand hatte, war ich sicher – das dachte ich zumindest. Was für ein Trugschluss.

Erst nach dieser traurigen Zeit begriff ich, dass immer Dinge passieren werden, über die ich keine Kontrolle habe. Auch wenn ich mich noch so sehr anstrenge. Ich fing endlich an, mich gezielt um mich selbst zu kümmern. Denn ich kapierte: Das ist meine einzig wahre Aufgabe. Ich stellte mich meiner größten Angst. Das machte mich stark.
Ich lasse übrigens immer noch los. Wahrscheinlich wird das mein ganzes Leben so gehen. Immer mehr und mehr loslassen …

Warum fällt uns das Loslassen so schwer?

Menschen sind seit Millionen von Jahren aufs Überleben gepolt. Unser Gehirn prüft jede Situation ganz genau: Veränderungen werden nur dann akzeptiert, wenn sie nicht unsere Sicherheit oder unseren Seelenfrieden beeinträchtigen. Ist eines von beiden in Gefahr, wird die Veränderung ignoriert. Etwa wenn der Partner sich trennen will, während man selbst krampfhaft an der Beziehung festhält – aus Angst.

Info · So denken geübte Loslasser

Wie schaffen es manche Menschen, sich nicht von Veränderungen stressen zu lassen? Es hat mit ihrem Blick auf die Welt zu tun und mit ihrer Bereitschaft, Eigenverantwortung zu übernehmen. Diese Menschen wissen, dass ihr Lebensglück weder an ein Statussymbol noch an eine Position oder einen bestimmten Menschen gebunden ist.

Auch geübte Loslasser haben mit Herausforderungen zu kämpfen. Aber sie rufen sich immer wieder ins Gedächtnis, dass der wichtigste Mensch in ihrem Leben – der, dem sie in jeder Lebenslage vertrauen können – immer da sein wird: sie selbst. Das schafft ein Urvertrauen, mit dem sich neue Wege viel leichter beschreiten lassen.

 **Übung**   ## Wo dürfen Sie loslassen?

Wollen Sie zu den Menschen gehören, die bewusst und neugierig mit Veränderungen umgehen? Möchten Sie ruhiger und gelassener auf neue Situationen reagieren? Gibt es in Ihrem Leben etwas, das Sie loslassen können oder sollten? Das kann alles Mögliche sein: von der Porzellanfigurensammlung, die Sie regelmäßig zu wahren Abstaubarien zwingt, bis hin zum Auto, für das Sie eine hohe Versicherung zahlen, obwohl Sie es kaum nutzen.

Oder gibt es etwas, dass Sie schon längst hätten akzeptieren dürfen? Vielleicht eine Freundschaft, in die Sie immer noch investieren, obwohl von der anderen Seite schon lange nichts mehr zurückkommt? All diese Dinge sind Zeit- und Nervendiebe. Wie würde es sich wohl anfühlen, sie aus Ihrem Leben zu verbannen? Wie viel Stress würde abfallen? Wie viel freier könnten Sie dann durchatmen? Überlegen Sie, wo Sie loslassen dürfen.

Da kommt wieder das Ego ins Spiel, das mit aller Macht versucht, unangenehme Veränderungen zu verhindern. Unser Ego lebt nie im Hier und Jetzt. Es lebt entweder in der Vergangenheit, in der alles besser war, oder in der Zukunft, in der alles besser werden soll. Und es ist fest davon überzeugt, dass unser Glück nur von außen kommt. Daher vergleicht es permanent: Schaut, was andere haben, und findet, dass wir das auch ganz dringend brauchen.

In diesem Fall macht das Ego richtig Stress. Denn es ist überzeugt davon, dass von diesem Job, diesem Outfit oder dieser Beziehung alles abhängt. Und es ist erst zufrieden, wenn wir diese Dinge ranschaffen – um gleich darauf zu überlegen, was wir als Nächstes brauchen. Glück ist für das Ego nämlich immer nur eine Momentaufnahme.

🔘 Lassen Sie mit dieser Übung einfach einmal zehn Minuten los.

TAG 7

Werfen Sie einen kreativen Blick in die Zukunft

Was Sie damit erreichen? Neue Ziele geben Ihnen neue Kraft

Nutzen Sie diesen Tag, um sich bewusst zu entspannen und sich einmal ganz bewusst mit Ihren persönlichen Wünschen zu beschäftigen. Was wollen Sie aus Ihrem Leben verbannen? Was soll es stattdessen darin geben? Ich drücke Ihnen heute die nötigen Werkzeuge in die Hand, mit denen Sie Ihre Zukunft entwerfen können.

Ich habe mir schon vor Jahren eine große Kork-Pinnwand gekauft. An diese hefte ich alles, was ich mir für mein Leben wünsche. Unter einem Zettel mit der Aufschrift „Mein Leben" hängen lauter Wörter, die ich aus Zeitschriften ausgeschnitten habe und die darstellen, wie ich schon bin und was ich werden möchte. Auf den Schnipseln steht zum Beispiel „Herzlich", „Gesund", „Jetzt leben" oder „Freigeist". Es hän-

gen auch Bilder da, die mir einfach gut gefallen. Zum Beispiel ein orangefarbener Porsche mit einer farblich passenden Yogamatte …

Neben „Mein Leben" gibt es die Bereiche „Partnerschaft", „Freundschaften" und „Beruf" – also alles, was mir wichtig ist und was ich beeinflussen kann.

Ich bin überzeugt, dass so eine Pinnwand auch Ihnen helfen würde, die eigenen Wünsche und Ziele besser formulieren zu können. Sie können aber natürlich auch alles schriftlich festhalten. Wissenschaftliche Studien haben ergeben, dass das Aufschreiben von Zielen dabei hilft, diese besser und schneller zu erreichen.

Falls Sie schon eine ähnliche Pinnwand oder Liste haben, überprüfen Sie sie auf ihre Gültigkeit. Ist alles stimmig, was da so hängt? Sind Sie das noch? Wollen Sie das noch?

Sie wollen noch einen Schritt weitergehen? Schließen Sie mit sich selbst einen Vertrag ab. Dann können Sie zum Beispiel einmal wöchentlich überprüfen, was Sie bisher getan haben, um an Ihr Ziel zu gelangen. Es hilft zusätzlich, ei-

Übung Ihre Wand der Wünsche

Wie wäre es, wenn Sie sich auch eine Wünsche-Wand anlegen? Dazu brauchen Sie nur eine Pinnwand oder einen Bogen festes Papier. Daran beziehungsweise darauf kommen alle Bilder, Wörter und Sätze, die Ihnen gefallen. Lassen Sie Ihrer Fantasie dabei völlig freien Lauf, denn es ist ja Ihr Leben, das Sie sich da gerade neu gestalten.
Diese Übung macht viel Spaß und fördert nebenbei Ihre Kreativität.

Sie entspannt aber auch – denn es tut uns gut, wenn wir uns mit schönen Bildern und positiven Worten beschäftigen.
Ihre Wünsche-Wand darf übrigens wachsen, Sie müssen sie also nicht an einem Tag fertigstellen. Sie werden überrascht sein, was für schöne Dinge Ihnen plötzlich in Ihrem Umfeld auffallen, sobald Sie sich dazu entschlossen haben, solch eine ermutigende Collage zu gestalten.

ne Person des Vertrauens einzuweihen – das weckt den Ehrgeiz, das Ziel auch sicher zu erreichen.

Entrümpeln Sie Ihr Haus der Gefühle

Ihre Wünsche für die Zukunft sind wahrscheinlich durchweg positiv. Aber wie sieht es momentan tatsächlich in Ihnen aus? Um das herauszufinden, können Sie Ihren Körper einmal als Haus betrachten: Ist es frei von negativen Gefühlen und Gedanken? Oder

machen sich diese in einigen Räumen wie ungebetene Gäste breit?
Wie würde es sich wohl anfühlen, wenn Sie sie höflich, aber bestimmt zur Tür bitten? Machen Sie einen seelischen Hausputz. Denn nur dann ist Platz für neue Gefühle und Gedanken. Was dabei hilft: einmal wirklich zur Ruhe zu kommen.
Wenn Sie jetzt daran denken, es sich vor dem Fernseher bequem zu machen, rate ich Ihnen allerdings ab. Actionfilme oder irgendwelche Talkshows,

in denen sich die Teilnehmer gegenseitig ins Wort fallen und nur darauf erpicht sind, so oft und so viel wie möglich ihre eigene Meinung kundzutun, regen uns meist mehr auf, als dass sie zur Entspannung beitragen. Genau das wäre gerade kontraproduktiv.

Nutzen Sie Ruhe-Rituale

Kein Mensch ist vor negativen Gefühlen wie Neid, Zorn, Selbstzweifeln oder Schuld geschützt. Aber jeder entscheidet, wie er damit umgeht. Ihre innere Gefühlslage beeinflusst Ihr tägliches Denken und Handeln. Also dürfen Sie

Info   Die Fernseh-Falle

Viele Menschen haben sich angewöhnt, den Fernseher anzuschalten, wenn sie selbst abschalten möchten. Sie können dann einfach auf den Bildschirm starren und müssen nicht mehr über den Tag nachdenken. Das mag zu einem gewissen Grad stimmen. Allerdings verleitet uns das Fernsehen auch oft zu ungesunden Verhaltensweisen, die nach einer Weile fest programmiert sind.

Zum Beispiel essen wir vor dem laufenden TV-Gerät viel mehr, als wir es am Tisch tun würden. Ganz nebenbei verschwindet eine ganze Tüte Chips oder eine Tafel Schokolade in uns. Irgendwann können wir gar nicht mehr anders: Ist der Fernseher an, müssen wir etwas knabbern. Das Gleiche kann natürlich auch mit Alkohol passieren. Und dann gibt es noch Shopping-Sendungen, die zu unnötigen Einkäufen animieren.

Ohne es bewusst wahrzunehmen, baut man sich auf diese Weise noch mehr Stress auf – spätestens dann, wenn die Waage etliche Kilo mehr anzeigt, man keinen Tag mehr ohne Alkohol übersteht oder der Kontostand erschreckend mau ausfällt.

Übung — Slow statt schnell

Wir rasen jeden Tag durchs Leben. Hetzen von A nach B, von einem Meeting zum anderen, von einer Verabredung zur nächsten. Aber haben Sie schon mal ausprobiert, achtsam zu gehen?

Dazu beobachten Sie einmal genau, was beim Gehen passiert: Setzen Sie ganz langsam einen Fuß vor den anderen und spüren Sie dabei jeder Bewegung nach. Welcher Zeh berührt als Erster den Boden? Welche Temperatur hat der Untergrund? Wie fühlt er sich an? Welche Muskeln arbeiten gerade? Alles andere um Sie herum wird unwichtig. Stellen Sie sich einen Wecker oder die Uhr in Ihrem Handy auf fünf bis zehn Minuten, richten Sie Ihre Augen auf Ihre Füße oder den Boden und gehen Sie im Zeitlupentempo los – entweder eine gerade Strecke oder im Kreis. Das Ganze können Sie prima mit einer Atemübung kombinieren: Einen Schritt lang atmen Sie ein, beim nächsten aus. Fühlen Sie vor dem achtsamen Gehen in sich hinein: Wie geht es mir? Fragen Sie sich danach das gleiche: Fühle ich mich jetzt entspannter?

Sie können diese Übung bei sich zu Hause machen. Noch schöner ist sie jedoch, wenn Sie draußen in der Natur laufen – wenn es die Temperatur zulässt, am besten barfuß.

innerlich zur Ruhe kommen, um destruktiven Emotionen Einhalt zu gebieten. Denn diese hindern Sie daran, dass Sie Ihre Ziele erreichen.

Wollen Sie immer öfter ein weniger stressiges Leben führen? Auf herausfordernde Situationen anders reagieren als sonst? Dann integrieren Sie die Entspannungsübungen aus diesem Buch wie das achtsame Gehen (siehe Kasten oben) als festen Bestandteil Ihres Alltags in Ihr Leben. Das sind wichtige Ruhe-Rituale, die Ihnen in heiklen Momenten helfen.

Meine Gedanken

WAS MIR ANGST MACHT

....

....

....

....

....

MEINE PERSÖNLICHEN NEIN-SÄTZE

....

....

....

....

....

....

....

GLAUBENSSÄTZE, DIE MEINE LEBENSQUALITÄT EINSCHRÄNKEN

....

....

....

....

....

MEIN ZEIT-EXPERIMENT

....

....

....

....

....

....

....

....

FAZIT

Ihre zweite Woche im Überblick

Sie haben gelernt,

- Ihre Angst zu kontrollieren.
- öfter Nein zu sagen.
- negative Glaubenssätze aufzuspüren.
- selbstbewusst neue Glaubenssätze zu formulieren.
- sich mehr Zeit für sich zu nehmen.
- wie man wirklich loslässt.
- positiv in die Zukunft zu schauen.

Wie geht es Ihnen am Ende dieser zweiten Woche? Reagieren Sie schon gelassener auf Situationen, in denen Sie früher ausgeflippt wären? Ich wünsche Ihnen, dass Sie morgens inzwischen mit einem guten Gefühl aufwachen und zuversichtlich aus dem Haus gehen. Sie wissen ja jetzt, dass Ihre eigenen Gefühle für Ihre Wahrnehmung und Ihr Handeln verantwortlich sind. Sie wissen, was Sie ändern können. Und wie Sie Dinge loslassen, die Sie nicht ändern können.

Fragen Sie sich nicht, warum Sie Ihr Leben nicht schon viel früher umgekrempelt haben. Es ist müßig, darüber nachzudenken. Jede Lebenssituation hat ihre Zeit. Jeder Mensch geht anders mit Druck um.

Wichtig ist, dass Sie eines erkannt haben: Ihr Leben ändert sich nur, wenn Sie bestimmen, dass es das tun soll. Diese wichtigste aller Entscheidungen haben Sie getroffen. Und in den nächsten Wochen werden weitere folgen. Vielleicht werden Sie kontinuierlich neue, positive Glaubenssätze anwenden und sich dadurch stärker fühlen. Durch tägliches Innehalten mehr Kraft entwickeln. Ihre Gefühle beobachten und es nicht mehr zulassen, dass jemand oder etwas Sie stresst.

Sie können sehr stolz auf sich sein, dass Sie diese zwei Wochen genutzt haben, um sich bewusst zu machen, was Sie nicht mehr wollen und wie Ihr Leben stattdessen aussehen soll. Haben Sie sich getraut, in der einen oder anderen Situation Nein zu sagen? Vielleicht sogar ohne große Begründung? Einfach weil Sie es sich wert sind. Und das ist jetzt kein schnöder Werbespruch.

Meine Woche

Nutzen Sie Ihre bisherigen Notizen, um Ihr persönliches Fazit für diese zweite Woche zu treffen. Ich habe hier einige Fragen für Sie, die Sie beantworten können, wenn Sie Lust dazu haben. Und wie immer: nur kein Stress.

- Womit habe ich mir diese Woche Stress gemacht?

....

....

- Was habe ich losgelassen?

....

....

- Was möchte ich in der nächsten Woche anders machen?

....

....

- Welche Übung integriere ich ab jetzt regelmäßig in mein Leben?

....

....

Ich gebe Ihnen noch einige Denkanstöße zu Ihrem Fazit der Woche.

WERDEN SIE AUF DAUER ENTSPANNTER

Diese Woche werden Sie Tag für Tag mental ein bisschen stärker. Sie lernen Positiv-Strategien kennen, machen sich selbst zum Helden und schöpfen Kraft durch Träumereien. Ich gebe Ihnen einen ganzen Koffer voller Werkzeuge an die Hand, mit denen Sie Krisensituationen ab sofort viel relaxter überstehen.

TAG 1

Erwecken Sie Ihre positive Energie

Was Sie damit erreichen? Sie wappnen sich gegen Krisen

Es wird in Ihrem Leben immer wieder fordernde Momente geben. Ich verrate Ihnen heute, wie Sie diese mithilfe wichtiger Erinnerungen und der richtigen Einstellung besser bewältigen. In den letzten zwei Wochen haben Sie sich darum bemüht, den Stress in Ihrem Alltag zu verringern. Aber eines ist klar: Ein Leben ganz ohne Stress gibt es nicht. Es kann immer passieren, dass die Atmosphäre im Büro schlecht ist. Dass die Auftragslage zu wünschen übrig lässt. Dass einem der Haushalt über den Kopf wächst. Dass es in der Beziehung kriselt oder sie sogar ganz auseinanderbricht. Irgendwann denkt wohl jeder einmal: Hat sich jetzt die ganze Welt gegen mich verschworen? Das in Gedanken (oder auch laut) herauszuschreien, ist völlig in Ordnung. Was nicht okay ist: sich vom Strudel negativer Gedanken mitreißen zu lassen. Bevor Sie vom rauschenden Wasser verschluckt werden, gibt es immer noch einen rettenden Ast, nach dem Sie in jeder Notsituation greifen können: Ihre positiven Erinnerungen. Durch das Abrufen unserer Erinnerungen machen wir uns selbst stark. Wir müssen dann nicht vergeblich darauf warten, dass der Chef oder ein Angehöriger uns lobt und anerkennt, was wir so alles leisten.

> **»Oft sind Erinnerungen ganz vortreffliche Balancierstäbe, mit welchen man sich über die schlimme Gegenwart hinwegsetzen kann.«**
> *Theodor Mundt*

Motivieren wie die Profisportler

Sie sagen jetzt vielleicht, dass genau das Ihr Problem ist, weil Sie Ihrer Meinung nach nicht selbstbewusst sind. Entschuldigung, aber das glaube ich nicht. Jeder Mensch hat Selbstbewusstsein. Bei dem einen ist es eben stärker

Info   Das Geheimnis mentaler Stärke …

… ist ein gesundes Selbstbewusstsein. Wenn wir glauben, dass wir etwas schaffen können, dann wird es uns mit großer Wahrscheinlichkeit auch gelingen.

Andersherum funktioniert diese Reaktion natürlich auch: Ich hatte einmal einen Klienten, der früher sehr erfolgreich und von sich selbst überzeugt war – bis die von ihm gegründete Firma eine Bruchlandung hinlegte. Danach gelang es ihm nie mehr, einen gleichartigen Erfolg zu erzielen. Er arbeitete nur noch als Angestellter, erledigte seine Arbeit ungenau, zauderte, machte Fehler.

Und er fragte mich: „Warum macht mir dieses Projekt so zu schaffen? Vor zehn Jahren hätte ich es locker gewuppt. Liegt das an meinem Alter?" Ich machte ihm klar, dass es ganz gewiss keine Frage des Alters war, sondern eine Frage der Einstellung. Bei jedem Schritt, jeder Entscheidung und jedem Handgriff dachte mein Klient an seinen Misserfolg. Die negativen Gedanken zogen ihn immer weiter runter, sodass sich jede kleine Hürde für ihn in eine unüberwindliche Mauer verwandelte. Jeder Nieselregen wurde zum Sturzregen.

ausgeprägt, bei dem anderen weniger. Wenn Sie nicht an sich glauben, dann mache ich das eben. So lange, bis Sie es auch wieder tun.

Denken Sie nur einmal an all das, was Sie in Ihrem Leben schon geschafft haben: Führerscheinprüfung, Schulabschluss, Ausbildung, Studium, Kinder bekommen, eine Beziehung, Haus gebaut, den schiefen Turm von Pisa live gesehen … Wenn Sie zwei Listen erstellen würden, wäre die mit den Dingen, die Sie hinbekommen haben, sicher um einiges länger als die mit Ihren Misserfolgen, oder?

Genau das sollte man sich immer ins Gedächtnis rufen, bevor einem herausrutscht: „Das kann ich nie schaffen."

Profitrainer verwenden eine ähnliche Taktik: Vor jedem Spiel gehen sie mit ihrer Mannschaft genau durch, was bisher alles gut gelungen ist. Zuerst lassen sie die Spieler selbst von Erfolgen und geglückten Manövern erzählen, anschließend zeigen sie ihnen diese nochmals auf Video. Sollte es während des Matches oder Wettkampfs nicht gut laufen, kann sich so jeder durch die positiven Erinnerungen motivieren und versuchen, das Spiel zu wenden.

Das können Sie auch. Sie haben schon so viele wunderbare Erfolgserlebnisse hinter sich. Und es gab sicher auch Momente, in denen Sie schon einmal richtig gestresst waren, sich aber trotzdem nicht haben verunsichern lassen. Oder?

Hören Sie auf, sich selbst Energie zu rauben

Das Leben ist wie eine große Kirmes: Sie können sich täglich entscheiden, in welches Fahrgeschäft Sie steigen.

Trick Kleine Helden-Analyse

Haben Sie Lust auf eine kleine Erfolgsreise in die Vergangenheit? Dann beantworten Sie diese Fragen, gern auch schriftlich auf der Gedankenseite (Seite 136). Die positiven Erinnerungen, die dabei hochkommen, können Sie in Zukunft einsetzen, um Ihr persönliches Stressempfinden zu mindern.

• Wann haben Sie zuletzt eine Stresssituation gut gemeistert?
• Was hat Ihnen dabei geholfen?
• Wie haben Sie in dem Moment mit sich gesprochen?
• Wie haben Sie sich bewegt und präsentiert?
• Was waren Ihre Gefühle?
• Welche Ihrer Fähigkeiten haben sich besonders gezeigt?
• Welches Fazit haben Sie daraus für sich gezogen? (Bisher noch keines? Dann tun Sie es jetzt.)

 **Die gute Minute**

Setzen Sie sich bequem hin und schließen Sie die Augen. Denken Sie ungefähr eine Minute lang an alles, was Sie momentan stresst. Anschließend richten Sie Ihre Gedanken eine Minute auf einen glücklichen Moment in Ihrem Leben: der kann mit Ihren Freunden oder der Familie zu tun haben oder mit Ihrer Beziehung. Vielleicht ist es auch ein berufliches Projekt oder ein Erlebnis beim Sport?

Welche der Minuten fühlte sich länger an? Wie ging es Ihnen danach? Haben die positiven Erinnerungen Ihre Laune verbessert?
Wiederholen Sie diese Übung so oft wie möglich und dehnen Sie die schönen Erinnerungen immer mehr aus. Beim nächsten Mal sind es zwei Minuten, danach drei … So trainieren Sie, Ihre Aufmerksamkeit auf erfreuliche Erlebnisse zu richten – auch im Alltag.

Wollen Sie in die Geisterbahn, die Sorgen und Schrecken mit sich bringt? Oder hüpfen Sie lieber auf das bunte Kettenkarussell mit der schönen Musik, das in Ihnen Zuversicht und liebevolle Gefühle weckt?
Nichts und niemand kann Sie dazu zwingen, negativ zu denken, zu fühlen, zu reden und zu handeln. Niemand kann Sie dazu bringen, sich gestresst zu fühlen. Die einzige Person, die das kann, sind Sie selbst. Und das auch nur, wenn Sie sich so fühlen wollen.

Es ist nicht so, dass positive Gedanken alles rosarot färben und den Stress von jetzt auf gleich verpuffen lassen. Das hätten wir alle gern. Ich möchte Sie nur darauf aufmerksam machen, dass Sie sich durch Grübelei und Selbstzweifel schwächen und sich gerade in stressigen Phasen wertvolle Energie rauben. Das verschlimmert die Lage nur noch. Wenn Sie das nächste Mal denken, dass Ihnen alles über den Kopf wächst, probieren Sie daher lieber die Entspannungsübung im Kasten oben aus.

TAG 2

Träumen Sie wie Albert Einstein

Was Sie damit erreichen? Sie werden kreativer und mutiger

Hier kommt nun das entspannendste aller Kapitel in diesem Buch: Denn Ihre heutige Aufgabe ist es, einfach einmal nur zu träumen – und das tagsüber. Vielleicht rufen Sie jetzt entsetzt aus: „Also dazu habe ich überhaupt keine Zeit." Ich kann dazu nur sagen: Gerade dann sollten Sie sich die Zeit dafür nehmen. Denn es ist wirklich eine äußerst schlaue Investition.

Keine Sorge, ich rate Ihnen jetzt nicht, den ganzen Tag im Bett zu bleiben oder auf dem Sofa herumzulümmeln, um so Ihren Stress zu verdrängen. Aber wie wäre es, wenn Sie die Technik des Tagträumens dazu nutzen würden, Ihre kreative Ader einmal wieder so richtig pulsieren zu lassen und Ihre Talente zu steigern? Denn auch das führt dazu, dass Sie mit negativem Stress besser umgehen können.

Vielleicht wundern Sie sich, dass ich Ihnen ständig sage, wie wichtig es ist, sich auf das Hier und Jetzt zu konzentrieren, wenn man lernen will, mit Herausforderungen besser umzugehen. Und jetzt empfehle ich Ihnen plötzlich, sich durch die Methode des Tagträumens ganz bewusst von der Gegenwart und von derzeitigen Problemen zu entfernen? Was soll das für einen logischen Sinn ergeben?

Ganz einfach: Je kreativer Sie sind, desto leichter fällt es Ihnen, innovative Lösungen für stressige Momente oder schwierige Aufgaben zu finden. Und genau dabei hilft das Tagträumen. Sie kurbeln damit nämlich Ihre Gehirnaktivität enorm an. Auch der Hollywood-Regisseur Woody Allen („Der Stadtneurotiker") und „Harry Potter"-Autorin J. K. Rowling sind bekennende Tagträumer. Genau wie Albert Einstein, der diese Technik regelmäßig nutzte. Er suchte sich dazu einen Platz, an dem er seine Ruhe hatte, und ließ seinen Geist ziellos umherwandern – manchmal nur für eine kurze Zeit, ab und zu auch über mehrere Stunden. Genau in den Momenten, in denen sein Gehirn herunterfahren konnte, hatte er die meisten schöpferischen Einfälle.

Wenn Ihr Gehirn auf Autopilot schaltet

Ihr Gehirn besteht aus verschiedenen Arealen, so wie eine Stadt aus Bezirken besteht. Bei jeder Tätigkeit und bei jeder Emotion wird ein bestimmtes Gehirnareal aktiviert. Beim Tagträumen ist es das „Default Mode Network", was übersetzt so viel bedeutet wie „Ruhezustands-Netzwerk".

Wie dieses Netzwerk arbeitet, haben Sie sicher schon erlebt, zum Beispiel, wenn Sie in einem Buch lesen und am Ende der Seite nicht wissen, was überhaupt darauf gestanden hat. Weil Sie beim Lesen über andere Dinge nachgedacht haben – etwa an den kurz bevorstehenden Urlaub oder die Aufgaben, die am nächsten Tag anstehen. In so einem Moment nutzen Sie das „Default Mode Network" und Ihr Gehirn läuft quasi auf Autopilot. Genau das tut es nämlich, wenn Sie Ihre Gedanken schweifen lassen. Das Tolle daran: In diesem Zustand ist Ihr Gehirn besonders erinnerungs- und lernfähig.

Zehn Gründe, warum Tagträume so guttun

- Sie werden kreativer.
- Sie senken Ihr Stressempfinden.
- Sie finden leichter Lösungen für Probleme.
- Sie erkennen Ihre innersten Wünsche.
- Sie sind ganz bei sich.
- Sie haben mehr Mut zu Veränderungen.
- Sie bauen Ängste ab.
- Sie entdecken ganz neue Sichtweisen.
- Sie steigern Ihr Konzentrationsvermögen.
- Sie schöpfen Kraft.

Es kann Ihnen in so einem Moment auch passieren, dass Sie eine zukünftige Stresssituation auf einmal ganz gelassen sehen oder einen anderen Menschen verstehen, dessen Standpunkt Sie bisher nicht nachvollziehen konnten. Tagträumern fällt es außerdem leichter, Probleme zu erkennen und diese zu lösen – das haben Wissenschaftler herausgefunden.

Ab ins Duschparadies

Ihnen gelingt das Träumen auf Knopfdruck nicht? Dann geben Sie Ihrem Gehirn doch einfach einen kleinen Schubs: Wenn beim Duschen das Wasser auf Sie herabprasselt, stellen Sie sich einfach vor, Sie stünden irgendwo in den Tropen in der freien Natur unter einem warmen Wasserfall. Um Sie herum nur Vogelgezwitscher und duftende Blumen.

Lassen Sie Ihre Gedanken und Gefühle mit dem Wasser frei fließen. Lassen Sie alles heraus, was Ihnen in den Kopf kommt. Beurteilen Sie nicht. Ihre Gedanken sind wie Wellen, die an den Strand schwappen. Sie lösen sich auf und machen Platz für neue Wellen, neue Gedanken. Immer und immer wieder.

Kommen Sie mit auf eine 15-minütige Fantasiereise.

Trotz alldem hat Tagträumerei leider ein schlechtes Image. Dabei ist es wichtig, dass Sie Ihrem Gehirn zwischendurch immer wieder einmal eine Pause gönnen. Vor allem wenn es in Ihrem Leben gerade hoch hergeht.

Wer träumt, schöpft Kraft

Es gibt Menschen, die behaupten, Tagträumer seien unproduktiv oder würden Zeit verplempern. Dabei ist genau das Gegenteil der Fall. Erlauben Sie daher Ihren Gedanken, öfter einmal zu schweifen. Schicken Sie Ihren Geist auf Reisen, um einen kreativen Prozess anzustoßen und neue Kraft zu schöpfen. Um loszulassen, wenn Sie das nächste Mal das Gefühl haben, der Stress überrollt Sie, und Sie sich kaum noch auf Ihre Aufgaben konzentrieren können. Aber wie genau funktioniert die Tagträumerei? Sollen Sie einfach so, wann immer es Ihnen beliebt, Ihre Gedanken in die Ferne schicken? An einem Tag voller Termine wäre das wohl eher kontraproduktiv. Aber wie wäre es, wenn Sie zum Beispiel morgens die Minuten nutzen, während der Sie unter der Dusche stehen (siehe Kasten links)?

Kreative Kritzeleien

Tagträumen funktioniert natürlich nicht nur unter der Dusche, sondern genauso beim Joggen, während des Yoga oder bei einer schönen Massage. Vielleicht schnappen Sie sich auch während einer kleinen Pause einen Block und kritzeln eine Viertelstunde ziellos darauf herum. Wollen Sie es vielleicht genau jetzt einmal ausprobieren? Hier haben Sie Platz dazu.

TAG 3

Geben Sie Ihrem Tag ein Motto

Was Sie damit erreichen? Sie beugen Stimmungstiefs vor

Wie wäre es, wenn Sie ganz allein bestimmen könnten, ob Ihr Tag märchenhaft oder miserabel verläuft? Und wie wäre es, wenn ich Ihnen sage, dass Sie genau diese Fähigkeit besitzen und ich Ihnen heute erkläre, wie das funktioniert? Mit einigen Tricks sorgen Sie dafür, dass Ihre Laune nicht so leicht in den Keller rutscht.

Haben Sie auch manchmal das Gefühl, Ihr Leben rauscht an Ihnen vorbei wie ein D-Zug? Ein Tag reiht sich im Eiltempo an den nächsten. Sie schauen zurück und wundern sich, wie schnell die Zeit vergeht. Dabei ist das Leben so kostbar. Ein absolutes Geschenk. Und genauso sollten wir damit umgehen. Wussten Sie, dass jeder Erwachsene schon morgens nach dem Aufwachen unbewusst festlegt, wie die vor ihm liegenden Stunden verlaufen werden?

Wir verpassen dem Tag, obwohl er gerade mal ein paar Stunden alt ist, schon ein Etikett – oft handelt es sich dabei um ein negatives. Wenn tausend Termine anstehen, unschöne Meetings oder Gespräche, würden wir manchmal am liebsten gar nicht erst aufstehen.

Die perfekten 24 Stunden

Wir Menschen sind seit jeher auf der Suche nach einer Formel fürs Glück. 2012 kamen zwei Forscher diesem Ziel einen Schritt näher: Im „Journal of Economic Psychology" stellten Christian Kroll von der Jacobs University Bremen und Sebastian Pokutta vom Georgia Institute of Technology (USA) das Modell für einen Tag vor, der alle glücklich machen soll – oder zumindest die Frauen.

Ihre Untersuchungen beruhten auf einer Befragung von über 900 Studienteilnehmerinnen. Diese hatten angegeben, welche Alltagtätigkeiten ihnen am meisten Spaß bereiten. Aufgrund der Antworten berechneten Kroll und Pokutta, wie ein Glückstag mit 16 aktiven Stunden und acht Stunden Schlaf aussehen müsste.

Übung

Stehen Sie voller Vorfreude auf

Um mich nach dem Aufwachen positiv einzustimmen, wende ich einen Trick an: Ich überlege mir noch im Bett bewusst, wie der Tag werden soll – und gebe ihm ein eigenes schönes Motto. So starte ich ihn mit Vorfreude. Die kann dabei helfen, bestimmten Situationen oder Menschen entspannter zu begegnen. Schreiben Sie sich Ihr Motto am besten auf einen Zettel, den Sie den Tag über bei sich tragen, oder senden Sie es sich per E-Mail ins Büro. Werfen Sie im Laufe des Tages immer wieder einen Blick darauf, sodass Sie sich daran erinnern. Hier sind einige Motto-Ideen, notieren Sie weitere auf der Gedankenseite (Seite 136):

- Überraschungstag
- Genusstag
- Veränderungstag
- Spaßtag
- Lachtag
- Entspannungstag
- Liebestag

An einem Überraschungstag können Sie sich selbst oder jemand anderem eine Freude machen, am Genusstag eine Schlemmerpause in einem Café einlegen. Wie wäre es mit einem Friseurtermin am Veränderungstag? Oder einem neuen Weg zur Arbeit? Am Spaßtag planen Sie kleine Dinge ein, die Ihnen gute Laune bereiten, am Lachtag schauen Sie sich eine Kinokomödie an. Für den Entspannungstag buchen Sie eine Massage und an einem Liebestag hinterlassen Sie Ihrem Partner romantische Zettelbotschaften. Aber das sind nur Anregungen. Vielleicht haben Sie ja ganz andere Ideen?

Wichtig ist, dass es nicht darum geht, perfekt zu sein. Auch wenn Sie einen Genusstag planen, wird vielleicht nicht alles so laufen, wie Sie es sich ausgemalt haben. Das Leben ist stetigen Veränderungen unterworfen. Daher sind wir gut beraten, flexibel zu sein und zu bleiben.

Das Ergebnis war nicht wirklich überraschend: An Platz eins standen 107 romantische Minuten mit dem Partner, darauf folgten 82 Minuten mit Freunden und auf Platz drei 78 Minuten zum Entspannen. Der Job landete mit gerade einmal 36 Minuten auf Rang 15 und das Pendeln zur Arbeit bildete mit 33 Minuten das Schlusslicht.

Natürlich funktioniert dieses Modell nur in der Theorie. Denn von 36 Minuten Arbeit am Tag kann leider kaum jemand leben … Warum ich die Studie trotzdem vorstelle? Weil die Forscher einen weiteren spannenden Schluss zogen, den wir alle in unserer Alltagsplanung berücksichtigen können: Es ist auch die Abwechslung, die uns glücklich macht. Egal ob Shopping, Wellness oder Sport: Machen wir es eine Stunde lang, bringt es uns richtig viel Spaß. Genau der aber lässt immer mehr nach, je länger wir etwas machen. Weil wir der Sache überdrüssig werden und uns gelangweilt oder gestresst fühlen.

> **»Sieh jeden einzelnen Tag als ein einziges Leben an.«**
> *Lucius Annaeus Seneca*

Wir alle haben einen Anspruch auf Glück

Vor Kurzem kam eine meiner Klientinnen völlig gestresst zu mir, weil ihre Putzfrau für drei Wochen Urlaub hatte. Nach Feierabend hielt die Frau nun selbst das Einfamilienhaus in Schuss. Sie wusch außerdem die Wäsche ihres Sohnes. Der war zwar schon volljährig und wohnte längst bei seiner Freundin. Dreckige T-Shirts und Hosen brachte er aber weiterhin zu Mama. Die machte alles stillschweigend mit. „Er ist doch mein Sohn. Allein kriegt er das nicht so gut hin", argumentierte sie.

Dazu fällt mir der Spruch ein: „Jeder ist seines Glückes Schmied." Hier passt er perfekt. Ich riet der Frau, ihren Mann in den Hausputz miteinzubeziehen und ihrem Sohn klarzumachen, dass er seine Wäsche mit 18 wirklich selbst machen kann. Natürlich nörgelten beide Männer zunächst herum. Doch meine Klientin setzte sich durch. Sie ließ los – ein Stück Kontrolle und ein Stück Perfektionismus. Und erkämpfte sich so eine ordentliche Portion Alltagsglück. Gut so: Denn auf dieses hat jeder von uns einen Anspruch.

Trick — Gestalten Sie sich Ihren perfekten Tag

Schauen Sie sich einmal genau an, welche Aktivitäten in Ihrer Woche anfallen. Was müssen und können Sie tun, um Ihren Tag so optimal wie möglich zu gestalten? Optimal bedeutet, dass Sie gegebenenfalls Kompromisse schließen müssen, auch einmal etwas als gegeben hinnehmen oder wegfallen lassen.

Bauen Sie sich großzügig zeitliche Puffer ein, denn Sie wissen nie, ob sich alles so entwickelt, wie Sie es planen. Dank Puffern hinken Sie Ihrem Zeitplan so gut wie nie hinterher. Im Gegenteil: Läuft alles glatt, gewinnen Sie Mini-Relax-Fenster.

Nutzen Sie den Platz unten, um Ihren optimalen Tag aufzuschreiben. Testen Sie, wie er sich realisieren lässt und wo Sie eventuell noch etwas ändern dürfen, damit Sie am Ende des Tages zufrieden sind.

TAG 4

Entspannen Sie aktiv gegen Stress

Was Sie damit erreichen? Sie sind so langfristig relaxter

Sie haben keine Zeit für Yogastunden? Keine Lust auf Wellness? Ich möchte Ihnen heute einige Entschleunigungstechniken vorstellen, die Sie ganz nebenbei anwenden können.

Aber zunächst einmal werde ich Ihnen von meinem größten Stressmoment erzählen – und wie ich mich dabei selbst zur Ruhe brachte: Im Dezember 1993 hatte ich einen schweren Unfall. Am Ende eines Autobahnstaus donnerte ein Lkw ins Heck meines Wagens. Es gab einen mordsmäßigen Lärm, die gesamte Fahrerseite verzog sich und mein Kopf donnerte aufs Lenkrad. Mein Körper wurde aufs Armaturenbrett gepresst, mein rechter Arm verdrehte sich nach hinten … Es dauerte fast zwei Stunden, bis mich Feuerwehrleute aus dem Auto geschnitten hatten. Ich verlor zwischendurch immer

wieder das Bewusstsein, aber ich erinnere mich noch sehr gut daran, dass ich direkt nach dem Aufprall total hysterisch war. Mein Körper produzierte Stresshormone im Überfluss. Ich musste mich irgendwie zur Ruhe bringen und tat das durch ein Selbstgespräch. Ich sagte zu mir: „Kim, beruhige dich. Spüre in deinen Körper hinein. Fehlt dir was? Kannst du deine Beine noch bewegen? Atme ruhig. Du wirst nicht sterben." Das alles half mir ungemein und lief völlig intuitiv ab – muss es aber nicht, solche körperlichen Rettungsreaktionen können wir uns auch antrainieren. Indem wir sie wiederholen, wiederholen, wiederholen … Hier kommen fünf Anti-Stress-Entspannungstechniken, die Sie gar nicht oft genug anwenden können.

Aktivieren Sie den Reflektionsalarm

Lassen Sie sich über den Tag verteilt in regelmäßigen Abständen von Ihrem Handy oder Wecker daran erinnern, eine kurze Reflektionspause einzulegen. Fragen Sie sich: Wie habe ich in den letzten Stunden stumm oder laut mit mir gesprochen? Freundlich und liebevoll? Tadelnd? Habe ich in meinen Augen wie immer versagt? Oder zur Abwechslung einmal etwas gut gemacht?

Achten Sie auch darauf, was Sie über Ihre Mitmenschen gedacht oder gesagt haben. Waren es eher positive oder negative Aussagen? Diese Strategie hält Sie davon ab, sich vom emotionalen Negativstrudel mitreißen zu lassen.

Gehen Sie ins Kopfkino

Mit dieser Übung distanzieren Sie sich von Stresssituationen, visualisieren Ihre Ziele und Ihr zukünftiges Verhalten und lösen so mentale Blockaden. Los geht's: Schließen Sie die Augen und stellen Sie sich vor, Sie sitzen in einem bequemen Kinosessel. Auf der Leinwand vor Ihnen läuft aber nicht irgendein Blockbuster. Sie sehen darauf Szenen aus Ihrem Leben mit typischen Stresssituationen. Sie sehen und hören alles, fühlen sich dabei aber nicht mehr so gestresst. Sie können sich auch gedanklich in den Vorführraum begeben und den Film rückwärts abspielen, ihn unscharf machen, die Farbe ändern oder den Ton

leiser drehen. So nehmen Sie Stressfaktoren den Schrecken. Oder Sie lassen den Film in Zeitlupe laufen. Dabei werden Ihnen Lösungsschritte klar.

Zu guter Letzt springen Sie selbst mitten in den Film und verändern die Umstände so, wie Sie es wollen. Sie nehmen locker die Hindernisse, vor denen Sie bisher Angst hatten. Genießen Sie es, wie Sie sich nun in der stressigen Situation verhalten.

Lassen Sie sich von mir für zehn Minuten in den Kinosaal Ihres Lebens entführen.

Die 4-7-8-Übung

In akuten Stresssituationen sind Atemtechniken das beste Mittel zur Entspannung. Denn sie lindern Nervosität und Ängste. Experten empfehlen die sogenannte 4-7-8-Atemtechnik: Sie senkt den Puls und wirkt dadurch beruhigend. Wie das funktioniert? Pressen Sie die Zungenspitze hinter den Schneidezähnen oben an den Gaumen – dort bleibt sie während der gesamten Übung. Atmen Sie jetzt durch die Nase ein und zählen Sie dabei bis vier. Dann halten Sie den Atem an und zählen währenddessen bis sieben. Zuletzt atmen Sie durch den Mund aus und zählen dabei bis acht. Wiederholen Sie das Ganze viermal hintereinander.

Durch das tiefe Einatmen transportieren Sie eine Extraportion Sauerstoff in den Körper, der durch das Luftanhalten in Ihr Blut strömt. Durch das intensive Ausatmen lassen Sie verbrauchte Luft heraus, die sich durch die flache Stressatmung angesammelt hat.

Die 4-7-8-Technik können Sie bereits morgens nutzen, um entspannt in den Tag zu starten. Am Abend sorgt die Übung dann dafür, dass Sie leichter einschlafen können.

Zerreißen Sie Ihren Ärger

Etwas oder jemand hat Sie heute fürchterlich wütend gemacht? Sie waren richtig genervt? Nutzen Sie zehn Minuten am Abend, um sich einen Schmierzettel zu nehmen und alles aufzuschreiben, was Sie heute an dieser Situation oder der Person gestört hat. Danach atmen Sie ein paar Mal richtig tief durch, zerreißen den Zettel und schmeißen ihn weg.

Das lässt sofort einen Teil des aufgestauten Ärgers verpuffen. Außerdem können Sie auf diese Weise jemandem einmal so richtig die Meinung sagen, ohne dass Ihnen deswegen irgendwelche Sanktionen blühen.

Wichtig: Lassen Sie das Thema oder die Person nach dieser Übung wirklich los. Sie haben alles gesagt, was Sie sagen wollten – und nun ist es auch gut.

> »Es gibt Wichtigeres im Leben, als beständig dessen Geschwindigkeit zu erhöhen.«
> *Mahatma Gandhi*

Sehen Sie das Licht am Ende des Tunnels

Setzen Sie sich bequem hin, schließen Sie die Augen und atmen Sie entspannt ein und aus. Richten Sie Ihre ganze Aufmerksamkeit auf Ihren Körper, auf Ihr Inneres. Spüren Sie, wie Ihr Atem ganz sanft durch Ihren ganzen Körper strömt. Mit jedem Einatmen nehmen Sie kraftbringende Ruhe auf und mit jedem Ausatmen lassen Sie die Anspannung ein Stück weiter los.

Info

Warum wir durch Hektik keine Probleme lösen

Unter Stress schüttet unser Körper das Hormon Cortisol aus – ein biologischer Vorgang, der eigentlich dazu dient, dass wir in besonders anstrengenden Situationen über uns hinauswachsen. Aber Forscher von der Ruhr-Universität Bochum haben auch herausgefunden, dass zu viele Stresshormone im Gehirn genau das Gegenteil bewirken können und diejenigen Hirnregionen blockieren, die für zielorientiertes Verhalten zuständig sind.

Was passiert dann? Das Gehirn greift auf scheinbar sichere alte Verhaltensweisen zurück, anstatt neue (Rettungs-)Wege zu beschreiten. Darum ist es umso wichtiger, in brenzligen Situationen Ruhe zu bewahren, statt hektisch zu werden.

Stellen Sie sich nun vor Ihrem geistigen Auge einen Tunnel vor, an dessen Ende Ihnen ein helles Licht entgegenstrahlt. Weiß, gelb, blau, rot? Sie entscheiden, welche Farbe das Licht hat. Lassen Sie dieses Licht immer intensiver werden. Es fühlt sich warm und friedlich an. Sie gehen nun im Geiste langsam in den Tunnel hinein. Mit jedem Schritt, den Sie vorwärtsmachen, entspannen Sie sich mehr. Sie sind frei von Sorgen und Ängsten. Nichts und niemand kann Sie ärgern oder irritieren. Sie sind vollkommen entspannt.

Aber nicht nur Sie bewegen sich, auch das Licht kommt auf Sie zu. Sie saugen die warmen Strahlen auf, die Ihnen das geben, was Sie hier und heute als Ressource für Ihren Alltag brauchen: Vielleicht ist es Zuversicht, Wertschätzung oder Selbstliebe …

Sie haben genug Kraft und Energie getankt? Dann lassen Sie das Licht nach und nach schwächer werden und öffnen Sie die Augen. Spüren Sie noch einen Moment nach und wenden Sie sich dann frisch gestärkt wieder den Dingen des Alltags zu.

TAG 5

Fallen Sie nicht in alte Muster zurück

Was Sie damit erreichen? Sie beugen Stressrückfällen vor

Sein Leben dauerhaft zu verändern, ist gar nicht so einfach. Denn wir kehren allzu gern wieder zu alten Verhaltensmustern zurück. Auf den nächsten Seiten geht es darum, wie Sie sich vor diesem Mechanismus schützen können. Warum greift jemand nach einem Jahr des Nichtrauchens wieder zum Glimmstängel? Warum ist die Anziehungskraft der Couch so groß, dass die Sportmatte nach einigen Trainingseinheiten in der Ecke verstaubt? Warum lassen wir uns von einem Kollegen immer wieder auf die Palme bringen, obwohl wir uns schon so oft das Gegenteil geschworen haben? Ganz einfach: weil es ebenso mühsam ist, neue Lebenswege anzulegen, wie sich durch meterhohen Schnee zu buddeln. Stellen Sie sich vor, vor Ihrer Haustür läge eine dicke eisige Schicht, durch die Sie

bereits einen breiten Weg geschippt haben (sie symbolisiert Ihr altes Verhalten). Am Morgen haben Sie es eilig, Sie sind schlecht drauf oder energielos. Was tun Sie also? Greifen Sie zur Schaufel, um sich mühevoll einen neuen Weg freizuschaufeln? Viel verführerischer und bequemer ist es doch, die bereits vorhandene Spur zu nutzen …

Es ist völlig normal, sich unsicher zu fühlen

Um Gewohnheiten zu ändern, müssen wir etwas Neues erst einmal sehr oft anwenden. Nur dann wird ein neuer, dauerhafter Weg geebnet. Leider kann sich auch einmal herausstellen, dass dieser neue Weg eine Sackgasse ist. Dass er doch nicht so hilfreich ist wie erhofft. Anstatt in so einer Situation einen kleinen Schritt nach links oder rechts zu tun, um zu schauen, ob sich da nicht ein besserer Pfad befindet, gehen wir lieber wieder ganz zurück auf den alten Weg. Der ist nämlich in unserem Gehirn als „gewohnheitsmäßiger Ablauf" abgespeichert – genau wie Zähneputzen, Autofahren oder Schuheanziehen.

Info

Das Du soll Ihnen ein schlechtes Gewissen machen

Du-Botschaften sind nur dazu da, um Ihnen ein schlechtes Gewissen einzujagen. Eigentlich würde derjenige, der sie an Sie richtet, am liebsten sagen: „Ich möchte nicht, dass du das jetzt machst." Aber das hört sich zu egoistisch an. Daher wählt er die Variante: „Das kannst du nicht machen." Das klingt nach: „Es gehört sich nicht." Wir fangen an zu zweifeln. Verstoßen wir gegen eine Norm? Liegen wir doch falsch? Der andere hat sein Ziel erreicht. Welche Du-Botschaften schränken Sie ein? Notieren Sie sie auf der Gedankenseite (Seite 137).

Es gibt Verhaltensmuster, die uns in der Vergangenheit geholfen haben, uns sicher zu fühlen. Daher halten wir in der Gegenwart auf Teufel komm raus an ihnen fest. Wer sein Verhalten ändert, fühlt sich oft erst einmal unsicher.

Warum man uns manchmal Steine in den Weg legt

Sein Leben zu verändern, kann einsam machen. Denn es gibt Mitmenschen, die es nicht lustig finden, wenn wir etwas anders machen als bisher. Klienten, die sich in einem Änderungsprozess befinden, erzählen mir häufig, dass es dadurch zu Problemen in der Beziehung kommt. Wenn sich einer von zweien weiterentwickelt, gerät der andere automatisch in Zugzwang und fragt sich: Muss ich auch an mir arbeiten? Viele Partner sind zu diesem Schritt nicht bereit. Lieber versuchen sie, neue Entwicklungen im Keim zu ersticken. Sie sagen dann Sätze wie „Das kannst du doch nicht machen" (siehe Kasten oben).

Die Angst der anderen

Als ich vor einigen Jahren anfing zu meditieren und aufhörte, Fleisch zu essen, bekam ich von meinem Umfeld viele ziemlich doofe Sätze zu hören: „Was, du isst kein Fleisch mehr? Bist du jetzt ein Blattfresser, oder was?"

Oder: „Du meditierst? Dann gehörst du wohl zu diesen Ökos, was?"

Wenn jemand Ihnen gegenüber einen dummen Spruch macht, hat das meist gar nichts mit Ihnen zu tun, sondern mit den Ängsten des anderen. Wir suchen uns im Leben immer kleine oder größere Gruppen, in die wir hineinpassen. Dort fühlen wir uns wohl. Die Regeln stehen fest. Legt einer in dieser Gruppe ein neues Verhalten an den Tag, ist das so, als würde man einen Stein ins Wasser werfen: Er schlägt Wellen. Vielen Menschen ist es lieber, wenn das Wasser schön ruhig bleibt. Das ist auch ein Grund, weswegen sich so viele Menschen vor einem Coaching oder einer Therapie fürchten. Sie haben Angst, dass hinterher nichts mehr so ist wie vorher. Dass sie dann keine Familie und Freunde mehr haben. Doch dem ist nicht so. Natürlich kann es passieren, dass Ihre Umwelt auf eine neue Verhaltensweise von Ihnen erstaunt reagiert. Doch deshalb wird sich nicht gleich jeder von Ihnen abwenden. Und wenn es einer tut, obwohl es Ihnen mit dieser Veränderung seelisch und gesundheitlich besser geht, dann war diese Person kaum ernsthaft an Ihrem Wohlbefinden interessiert, sondern eher an ihrem eigenen.

Wie soll es weitergehen?

So hart es vielleicht klingen mag: Auf dem Weg in eine neue Zukunft sind Sie selbst das einzig ernst zu nehmende Hindernis. Sie haben das Gefühl, sich wieder einmal selbst im Weg zu stehen? Dann fragen Sie sich: Was passiert, wenn Sie weiterhin so leben wie bisher und sich vom Stress (oder was Ihnen auch immer nicht guttut) kleinkriegen lassen?

Könnte Ihr altes Verhalten dazu führen, dass Sie irgendwann im Krankenhaus landen? Dass Ihre Ehe kaputtgeht? Dass Ihre Kinder darunter leiden? Und wollen Sie das alles? Sicher nicht.

„Aber es ist so schwer, mich zu verändern", jammern viele. Und das stimmt auch. Aber dieses Negativ-Mantra bringt Sie kein Stück weiter. Wie wäre es, wenn Sie stattdessen positiv in die Zukunft blicken und sich sagen: „Es ist ungewohnt, mich anders zu verhalten, aber es verhilft mir nach und nach zu einer besseren Lebensqualität."

Übung — Machen Sie reinen Tisch

Welche Gewohnheiten, die Sie momentan an den Tag legen, sind gut für Sie? Und welche nicht?

Welche Verhaltensweise ist spürbar gut für mich?
(Zum Beispiel früher ins Bett gehen, den Fernseher abends auslassen …)

Gäbe es auch Nachteile?
(Meist liegen hier die Gründe dafür, warum Sie Schwierigkeiten haben, die Veränderung durchzuziehen.)

Was tut mir nicht gut?
(Wie Rauchen, viele Überstunden …)

Welches konkrete Ziel habe ich?
(Bitte keine schwammige Aussage wie mehr Sport. Sondern zum Beispiel: Ich mache ab jetzt dreimal die Woche Sport.)

Welche Vorteile würden sich durch eine Veränderung ergeben?
(Was könnte besser laufen?)

Ihre Antworten auf die oben stehenden Fragen unterstützen Sie dabei, auf Kurs zu bleiben. Sie haben dadurch die guten Argumente und Ihre Ziele schwarz auf weiß vor Augen – und können alles bei Bedarf noch einmal nachlesen. Es ist schließlich nie zu spät, der Mensch zu sein, der Sie gern sein würden.

Manchmal schickt uns das Leben extreme Situationen, damit wir erkennen, dass es an der Zeit ist, etwas zu verändern. Lassen Sie sich nicht von vergangenen Rückschlägen verrückt machen, sondern schauen Sie nach vorn. Das Leben findet hier und jetzt statt, nicht in der Vergangenheit.

TAG 6

Lernen Sie, Ausnahmesituationen zu meistern

Was Sie damit erreichen? Sie bleiben trotz extremer Umstände auf Kurs

Es wird immer wieder Momente geben, in denen Sie besonders genervt, besonders gehetzt oder besonders gereizt sind. Damit Sie auch dann nicht wieder in alte Muster verfallen, übergebe ich Ihnen heute quasi einen Notfallkoffer. Vielleicht benötigen Sie ihn ja gar nicht, aber besser ist besser.

Ich habe Ihnen einige Anti-Stress-Tricks zusammengestellt, die blitzschnell helfen – in verschiedensten Situationen, zum Beispiel dann …

… wenn Ihr Kopf vor lauter Stress brummt

Sie haben Kopfschmerzen, weil Sie sich überfordert fühlen? Dann greifen Sie lieber zum Bleistift anstatt zur Schmerztablette. Nehmen Sie ihn quer in den Mund und halten Sie ihn mit den Zähnen, ohne fest zuzubeißen. Sie werden merken, dass der Druck im Kopf nach ein paar Minuten nachlässt.

… wenn Sie zu viel grübeln, was andere denken

Hören Sie mit Ihren Spekulationen auf, denn das raubt Energie. Und zwar Ihre. Sie können noch so lange darüber nachdenken, warum die Kollegin nicht grüßt oder der Kunde auf Ihre E-Mail nicht antwortet. Überlegen Sie einmal so sachlich wie möglich, was Tatsachen sind und wo Fantasien und Bewertungen gerade mit Ihnen durchgehen.

… wenn Sie am liebsten laut losschreien würden

Sie stecken in einer furchtbar anstrengenden Konferenz? Ihre Kinder treiben Sie beim Einkauf im Supermarkt in den Wahnsinn? Sie sind am Rande Ihrer Kräfte und würden gern laut losschreien, um den innerlichen Druck rauszulassen? Dann machen Sie das doch einfach heimlich – in Ihrem Kopf: Stellen Sie sich vor, wie Sie die jetzige Situation verlassen und nach draußen an die frische Luft gehen. Dort lassen Sie ge-

danklich einen wahnsinnig lauten Ur-
schrei los. Sie werden sehen, danach
geht es Ihnen gleich viel besser.

... wenn Ihnen etwas zu nahegeht

Wir neigen dazu, uns von Vorgängen
vereinnahmen zu lassen, die uns nicht
weiterbringen. In so einem Fall macht
es Sinn, innerlich Abstand zu nehmen.
Bauen Sie in Ihrer Vorstellung eine
Mauer zwischen sich und die zeitfres-
senden Ablenkungen. Dadurch schieben Sie sie bewusst von sich weg – mit
dem Wissen, sich zu einem späteren
Zeitpunkt damit zu befassen, wenn Sie
mehr Energie dafür haben und alles mit
klarem Blick betrachten können.

... wenn Sie sich fragen, warum gerade Ihnen das passieren muss

Warum gerade ich? Wieso passiert
(nur) mir das? Diese Fragen stellen wir
uns in schwierigen Situationen gern
und baden dann in Selbstmitleid. Aber
dadurch machen wir alles nur schlimmer. Formulieren Sie die Frage doch
einfach einmal um: Wozu passiert mir

das? So lenken Sie Ihre Gedanken in eine andere Richtung. Durch das „Wozu" wird ein Problem zum Wegweiser
in Ihre Zukunft. Super, oder?

... wenn Ihnen auf einmal alles zu viel wird

Nutzen Sie die beruhigende Kraft der
Akupressur. Eine chinesische Heilme-
thode, bei der Energiepunkte durch
Fingerdruck aktiviert werden. Eine solche Stelle liegt auf Ihrem Handrücken
zwischen Daumen und Zeigefinger –
dort, wo die Haut dünn wie eine
Schwimmhaut ist. Drücken Sie diesen
Punkt mit Daumen und Zeigefinger der
anderen Hand etwa zehn Sekunden
lang und lassen Sie dann für einige Sekunden los. Wiederholen Sie das dreimal. Dann die Hand wechseln und dort
ebenso verfahren. Dadurch senken Sie
Ihren Stresslevel.

... wenn Sie sich zu sehr selbst unter Druck setzen

In Ihrem Kopf herrscht das reinste Cha-
os und Sie haben das Gefühl, dass die
ganze Zeit eine Stimme ruft: „Schneller, schneller, schneller!" Machen Sie

daraus ein: „Langsamer, langsamer, langsamer!" Verwandeln Sie alle Befehle in Gedanken ins Gegenteil: Aus dem drängenden „müssen" machen Sie „dürfen". Formulieren Sie alles so um, dass Sie immer noch Ihre Aufgaben erledigen. Aber so, als würden Sie sich die Erlaubnis dazu geben. Nicht, weil eine Forderung dahintersteht.

... wenn Sie jemand bis aufs Blut reizt

Sie würden Ihrem Gegenüber am liebsten an die Gurgel springen? Weil es genau die Knöpfe bei Ihnen drückt, die eine Ärger-Detonation auslösen? Dann versuchen Sie es einmal mit einem hawaiianischen Vergebungsritual namens Ho'oponopono (übersetzt heißt das so viel wie „in Ordnung bringen"). Dahinter steckt wieder die alte Formel „Du kannst vieles in deiner Welt nicht ändern, aber deine Einstellung dazu". Das Ho'oponopono-Gebet besteht traditionell aus vier Sätzen:

1. Es tut mir leid
Damit erkennen Sie Ihren Anteil an dem Problem an.

2. Ich verzeihe dir und ich verzeihe mir
Sie empfinden Verständnis für Ihre eigenen Fehler und die des anderen.

3. Ich liebe mich und ich liebe dich
Damit lieben Sie auch das Problem, das zu Ihnen gekommen ist. Es hilft Ihnen, sich menschlich weiterzuentwickeln.

4. Danke, danke, danke
Sie bedanken sich für die Transformation, die in Ihnen vorgeht.

Sagen Sie diese vier Sätze wie ein Mantra mehrmals laut oder in Gedanken vor sich her. Die Hawaiianer nutzen sie seit jeher dazu, negative Energien wie Furcht, Ärger, Eifersucht und Trauer zu vertreiben. Probieren auch Sie es aus.

... wenn Sie sehr harsch über andere urteilen

Wissen Sie, wann wir am liebsten über andere herziehen? Wenn wir uns selbst unsicher fühlen. Da wir das nur ungern akzeptieren, fangen wir damit an zu urteilen: Derjenige macht seinen Job nicht richtig. Was der oder die schon wieder anhat … Und überhaupt: Diese Person ist für den ganzen Stress, den ich gerade empfinde, verantwortlich. In diesem einen Moment fühlen wir uns überlegen. Aber unser Problem lösen wir so ganz sicher nicht. Also lieber überlegen: Was kann ich wirklich tun, um meine Situation zu verbessern?

… wenn Sie nicht loslassen können

Ein Mensch oder ein Erlebnis verfolgt Sie im Alltag und das führt dazu, dass Sie sich nicht richtig konzentrieren können? Gehen Sie an einen Fluss oder See. Suchen Sie sich am Ufer einen Stein, der für das steht, was Sie loswerden wollen. Diesen Stein werfen Sie dann mit aller Kraft weit von sich ins Wasser. Das tut so gut. Ist kein Wasser in der Nähe, können Sie einen Stein auch im Park (vorsichtig) in die Ferne werfen. Aber bitte immer so, dass Sie niemanden damit verletzen.

… wenn der Stress Sie auf den Boden drückt

Ziehen Sie sich in Gedanken an einen Lieblingsplatz zurück. Dort steht eine Schachtel mit Luftballons in allen möglichen Farben. Nehmen Sie sich einen davon und pusten Sie ihn ganz langsam und ruhig auf. Mit jedem Atemstoß geben Sie das, was Sie derzeit stört, in diesen Ballon. Sobald er groß genug ist, knoten Sie ihn zu und lassen ihn los. Beobachten Sie, wie der Ballon immer höher steigt. Damit entfernen sich auch Ihre Sorgen und Ihr Stress immer weiter von Ihnen. Der Ballon steigt und steigt, bis nichts mehr von ihm zu sehen ist. Wie fühlen Sie sich jetzt?

… wenn Ihnen die Zeit für ein Entspannungsbad fehlt

Ein warmes Bad am Abend wirkt wahre Entspannungswunder. Aber während der Arbeit ist dieses Ritual natürlich schwierig anwendbar. Die Alternative: ein Wechselbad für Ihre Handgelenke. Halten Sie dazu Ihre Hände im Waschbecken eine Weile unter kaltes Wasser und schließen Sie dabei die Augen. Danach lassen Sie warmes Wasser über die Handgelenke fließen, dann wieder kaltes. Dadurch ziehen sich die Blutgefäße zusammen, das beruhigt den Blutfluss – und damit auch Sie.

TAG 7

Machen Sie Dankbarkeit zu Ihrer Lebenseinstellung

Was Sie damit erreichen? Sie werden zufriedener und glücklicher

In diesem Kapitel will ich Ihnen verdeutlichen, warum es so eine wichtige Rolle spielt, Danke zu sagen – und zwar zu sich selbst.

Zuerst möchte ich Sie aber fragen: Wie dankbar sind Sie sich selbst dafür, dass Sie nun ganze drei Wochen so viel für sich getan haben? Ich hoffe, die Antwortet lautet: „Sehr." Denn Sie können wirklich mehr als stolz auf sich sein.

In unserer Gesellschaft wird komischerweise aber genau das nicht so gern gesehen. Wer stolz auf sich ist, gilt schnell als eingebildet oder hochmütig. Wir kennen alle das Sprichwort „Hochmut kommt vor dem Fall". Und daher trauen wir uns so gut wie gar nicht, auf uns selbst stolz zu sein. Dass wir uns höchstpersönlich dafür danken, dass wir uns gut behandeln, auf uns ach-

ten – auf unser ethisches Verhalten, auf unsere Gesundheit, auf unser sonniges Gemüt –, das kommt uns da erst recht nicht in den Sinn. Dankbarkeit wird zwar großgeschrieben, aber nur anderen gegenüber.

Ich sage mir trotzdem regelmäßig selbst Danke. Ich bedanke mich bei meinem Körper, dass er so wunderbar arbeitet. Ich bedanke mich bei meiner Seele, bei einzelnen Organen wie der Lunge oder der Leber. Da das alles Teile von mir sind, bedanke ich mich quasi bei mir selbst. Und das fühlt sich sehr gut an. Wirklich sehr gut.

Ich sage mir bereits morgens, wenn ich noch im Bett liege, ein paar liebevolle Worte. Manchmal belohne ich mich auch über den Tag verteilt immer wieder mit einem Danke. Oder ich meditiere und wiederhole währenddessen immer wieder „Danke" (beim Einatmen) und „schön" beim Ausatmen. Danke schön!

> »Wer nicht danken kann, kann auch nicht lieben.«
> *Jeremias Gotthelf*

Übung — Danke sagen macht glücklich

Dankbarkeit ist in allen Religionen ein wichtiges Thema. Auch die Psychologie spricht ihr eine besondere Wirkung zu: Heilkraft. Das Gefühl der Dankbarkeit setzt in Ihrem Körper Endorphine (Glückshormone) frei. Das hat eine mentale Wirkung (Sie fühlen sich weniger gestresst) und eine körperliche (Ihr Blutdruck sinkt). Wer Dankbarkeit zu einem zentralen Teil seines Alltags macht, stärkt zudem seine Abwehrkräfte. In der sogenannten positiven Psychologie wird gern mit einem „Dankbarkeits-Tagebuch" gearbeitet. Vielleicht wollen Sie diese Methode einmal ausprobieren? Dafür schreiben Sie mehrmals pro Woche oder sogar täglich mindestens fünf Dinge auf, für die Sie dankbar sind. Fallen Ihnen spontan fünf Sachen ein? Dann notieren Sie sie doch gleich hier:

1. _____

2. _____

3. _____

4. _____

5. _____

Eine rundum positive Veränderung

Dankbarkeit zu spüren, kann Ihnen dabei helfen, mehr lieben zu können – sich selbst und andere. Wer dankbar für das ist, was er hat, kann außerdem auch besser verzeihen – sich und anderen. Wer dankbar ist, entwickelt eine positive Grundhaltung – sich selbst gegenüber und anderen. Er kümmert sich mit mehr Freude, wird großzügiger – sich selbst gegenüber und anderen. Und natürlich geht es bei der Dankbarkeit auch um unsere Mitmenschen, schließlich leben wir nicht allein auf diesem Planeten.

 **Trick** ## 60 Sekunden Dankbarkeit

Wenn Ihnen die Arbeit einmal wieder bis zum Hals steht, dann besinnen Sie sich zwischendurch einfach einmal eine Minute lang darauf, was Sie an Ihrem Beruf, Ihrem Unternehmen, Ihrem Chef und Ihren Aufgaben schätzen. Sagen Sie laut oder auch nur im Kopf Danke dafür. Damit legen Sie Ihre Aufmerksamkeit auf diese Vorteile.

Es ist wichtig, auch für Kollegen oder andere Mitarbeiter dankbar zu sein. Genauso darf dem Pförtner oder einer Reinigungskraft gedankt werden, da sie wertvolle Arbeit leisten. Bedenken Sie nur, wenn die Reinigungskräfte die Arbeit niederlegen würden. Wer macht dann die Toiletten sauber? Also: vielen Dank, liebe Reinigungsfee.

So bringt Sie Dankbarkeit im Job nach vorn

Im Berufsalltag kommt Dankbarkeit leider oft zu kurz. Denn viele Menschen fühlen sich gerade durch ihre Arbeit gestresst und tun sich schwer, dennoch Dankbarkeit zu zeigen.

Geht es Ihnen ebenso? Dann halten Sie sich vor Augen, dass Sie sicher nicht alles an Ihrem Beruf stresst, sondern nur Teilbereiche davon. Ich kenne zum Beispiel eine Ärztin, die gern operiert. Aber der ganze Papierkram, der auch zu ihrem Beruf dazugehört, stresst sie immens. So etwas zu realisieren, hilft.

Ein ganz besonderer Brief

Wie sieht es in Ihrem Privatleben aus? Welche Gelegenheiten bieten sich da, um dankbar zu sein? Überlegen Sie, wofür Sie bereits dankbar sind und wofür Sie noch dankbar sein können. Wie wäre es, wenn Sie einen Dankbarkeitsbrief schreiben? An Ihre Mutter, Ihren Vater, Ihre Schwester, Ihren Bruder, eine Freundin, einen Freund – oder sogar an sich selbst. Und dann lesen Sie ihn der Person vor, an die Ihr Dank gerichtet ist.

Falls Sie sich scheuen, sich selbst einen Brief zu schreiben, fragen Sie vertraute

Personen: Was denken diese Menschen, wofür Sie sich selbst danken können? Auf diese Weise wird mit Sicherheit einiges zusammenkommen.

Meine zwei persönlichen Jahreswunschlisten

Jedes Jahr am ersten oder zweiten Januar setzte ich mich hin und schreibe auf, wofür ich in den vergangenen zwölf Monaten dankbar war. Das macht Spaß und es ist schön, mich konkret daran zu erinnern, was ich alles Schönes erlebt habe. Einer meiner kleinen Neffen hat mir zum Beispiel im letzten Jahr gesagt, dass er mich liebt. Das habe ich dann als Dank aufgeschrieben. Ich habe aber auch notiert, dass ich dankbar dafür bin, immer öfter im Hier und Jetzt zu leben. Denn das hat ja etwas mit mir direkt zu tun. Nach der Rückschau lege ich eine Liste mit meinen Wünschen fürs neue Jahr an. Auf dieser Liste bedanke ich mich schon im Vorfeld dafür, was ich alles erleben werde. Diese Liste liegt dann auf meinem PC in einem Ordner, der direkt auf dem Bildschirm zu sehen ist. Im Laufe des Jahres schaue ich immer einmal wieder in das Dokument mit meinen Wünschen. Treffen alle ein? Nicht immer! Ist das schlimm? Nein, denn wenn sich etwas nicht erfüllt, hat das einen guten Grund. Stattdessen passiert in meinem Leben etwas, das für meine weitere Entwicklung viel besser ist. Und dafür bin ich dankbar.

Sie haben Lust, sich intensiver mit dem Thema Dankbarkeit zu beschäftigen? Dann gebe ich Ihnen hier einen kleinen Denkanstoß. Beantworten Sie sich die folgenden Fragen, dann finden Sie heraus, wo es bei Ihnen vielleicht noch ein Dankbarkeitsdefizit gibt:

- Was bedeutet es für Sie, dankbar zu sein?
- Wo und wann wollen Sie mehr Dankbarkeit zeigen?
- Wen halten Sie für einen dankbaren Menschen? Und warum?
- Wie haben Sie bisher Ihre Dankbarkeit gezeigt?
- Wer sollte Ihnen gegenüber dankbar sein – und warum?

Besuchen Sie mit mir zehn Minuten Ihren inneren Dankbarkeitsraum.

Meine Gedanken

MEINE HELDEN-MOMENTE

....

....

....

....

....

....

MEINE IDEEN FÜR MOTTO-TAGE

....

....

....

....

....

....

MEINE LIEBSTE ANTI-STRESS-
ENTSPANNUNGS-TAKTIK (SEITE 120-123)

DU-BOTSCHAFTEN, DIE MICH HEMMEN

FAZIT

Ihre dritte Woche im Überblick

Sie haben gelernt,

- Ihre positive Energie wachzurütteln.
- dass Tagträume sinnvoll sind.
- Ihrem Tag ein spannendes Motto zu geben.
- welche Entspannungsstrategien Ihnen langfristig helfen.
- wie Sie Stressrückfällen vorbeugen.
- welche Blitztricks Ihnen helfen.
- wie wichtig es ist, sich selbst zu danken.

Zunächst einmal Gratulation! Sie haben 21 Tage lang etwas nur für sich getan, für niemand anderen. Sie haben viel nachgedacht, an sich gearbeitet und sicher viele Entdeckungen gemacht – tief in sich drin.

Feiern Sie all das, was Sie in diesen drei Wochen erreicht haben. Egal ob kleine oder große Siege, kleine oder große Schritte: Feiern Sie alle. Und tun Sie das auch dann, wenn ein anderer sie als unbedeutend empfindet. Es geht hier schließlich nicht um diese andere Person, sondern nur um Sie.

Die Erinnerung an Ihre Erfolge bringt Ihnen die Kraft für kommende Stressmomente. Diese werden nämlich wirklich nur dann Momente bleiben, wenn Sie weiter an Ihrem bewussten Fühlen, Denken und Handeln arbeiten.

Ich habe auf den vorangegangenen Seiten über vieles gesprochen und Ihnen zahlreiche Anregungen mitgegeben. Natürlich ist es mit einem Buch nicht möglich, auf jede einzelne Persönlichkeit einzugehen. Daher lade ich Sie herzlich ein, mich bei Fragen oder Anregungen direkt anzuschreiben. Sie erreichen mich unter:

info@kimfleckenstein.com

Es kann sein, dass es etwas dauern wird, bis ich antworte, aber ich schreibe Ihnen auf jeden Fall zurück.

Natürlich freue ich mich auch, wenn Sie mir von Ihren Erfolgen berichten. Sie können sehr stolz auf sich sein. Ich bin es auch.

Herzlichst,
Ihre Kim Fleckenstein

Meine Woche

Nutzen Sie noch einmal Ihre Notizen, um ein abschließendes Fazit für die dritte Woche und das gesamte Buch zu treffen. Ich habe hier ein paar Fragen für Sie, die Sie beantworten können, wenn Sie wollen. Ein letztes Mal: natürlich nur kein Stress.

- Was werde ich von nun an auf keinen Fall mehr tun?

- Was habe ich Wichtiges über mich erfahren?

- Welche Notfall-Übung (Seite 128–131) werde ich mir für den Ernstfall merken?

- Was nehme ich für mich Positives aus diesem Buch mit?

REGISTER

KIM FLECKENSTEIN

„Altes loslassen, Neues zulassen", lautet das Credo von Kim Fleckenstein. Keine Floskel, sondern ein Grundsatz, nach dem sie ganz bewusst lebt und Entscheidungen trifft. Nach einer langjährigen Karriere als Führungskraft in der Textilbranche realisierte sie ihren wirklichen Berufstraum: andere Menschen bei persönlichen Herausforderungen zu unterstützen – und nicht nur bei der Kleiderwahl. Kim Fleckenstein absolvierte daraufhin Ausbildungen zur Hypnosetherapeutin, zum NLP-Coach, zur staatlich geprüften Heilpraktikerin für Psychotherapie und Meditationstrainerin. Die Bausteine für ihr neues und sehr breites Wirkungsfeld. Kim Fleckenstein eröffnete eine eigene Praxis in München, hält Seminare ab und verkauft seit 2012 unter ihrem Namen Hypnose-Apps.
Mehr über die Autorin erfahren Sie auf ihrer Website
www.kimfleckenstein.com

Wichtiger Hinweis
Zu Ihrer eigenen Sicherheit möchte ich Sie darauf hinweisen, dass dieses Buch und die beiliegende CD keinen Arztbesuch, keine Therapie oder medizinische Hilfsmittel ersetzen.

Get stress-free!

Sie wollen mal so richtig abschalten? Kim Fleckenstein nimmt Sie mit auf eine 30-minütige Hör-Reise zu Ihrem inneren Kraftort. An diesem können Sie sich erholen und neue Energie tanken.

Get resilient!

Gefühle wie Wut oder Pessimismus werfen Sie immer wieder aus der Bahn? Mit dieser 25-minütigen App entwickeln Sie Widerstandskraft und meistern Herausforderungen gelassener.

Get mindfulness!

Ihnen fällt es schwer, nur den Moment zu genießen? Sie denken ständig daran, was gestern war oder morgen passieren könnte? Das 25-minütige Programm verhilft Ihnen zu mehr Achtsamkeit!

DIE KARTEN

Nehmen Sie sich aus diesem Buch so viel wie möglich mit – und das ist nicht nur bildlich gemeint! Darum liegen zwölf Affirmationskarten bei, vier für jede Woche Ihres Anti-Stress-Programms. Jede Woche können Sie eine davon nach Ihren Wünschen beschriften.

Affirmationen sind selbstbejahende Sätze, die helfen, negative Verhaltensweisen oder Emotionen zu eliminieren. Je öfter man sich Affirmationen ins Gedächtnis ruft oder sie mit einem positiven Gefühl vor sich hersagt, desto besser.

Trennen Sie die Karten heraus und positionieren Sie sie dort, wo sie Ihnen ins Auge fallen: über dem Schreibtisch, am Badezimmerspiegel oder am Kühlschrank.

WOCHE 1

Ich nehme mir Zeit für mich!

WOCHE 1

Ich besuche immer
öfter meine
persönliche
Entspannungsinsel

WOCHE 1

Ich nehme
mir Zeit
für mich

WOCHE 1

Ich erlaube mir,
mich mehr und mehr
auf den Moment
einzulassen

WOCHE 1

Ich …

WOCHE 2

Ich liebe das Leben
und das Leben
liebt mich

WOCHE 2

Ich spüre
eine große und
wertvolle
Energie in mir

WOCHE 2

Ich fühle mich immer gelassener und entspannter

WOCHE 2

Ich ...

WOCHE 3

Ich bin offen für Veränderung

WOCHE 3

Ich achte und schätze mich

WOCHE 3

Ich bin dankbar

WOCHE 3

Ich ...